*Liberando padrões emocionais
com
óleos essenciais*

O material fornecido aqui é apenas para fins educacionais e não se destina ao diagnóstico, tratamento ou prescrição para qualquer doença. (O autor, editor, gráfica e distribuidor(es) não aceitam qualquer responsabilidade por tal uso.) Qualquer pessoa que sofra de qualquer doença, enfermidade ou lesão deve consultar um médico.

Todos os direitos reservados. Nenhuma parte deste livro pode ser reproduzida ou transmitida de qualquer forma ou por qualquer meio, eletrônico ou mecânico, incluindo fotocópia, gravação ou por qualquer sistema de armazenamento e recuperação de informações sem permissão por escrito do editor.

Publicado por: VisionWare Press
P.O. Box 8112
Rancho Santa Fe, CA 92067
Estados Unidos da América

Os óleos listados são marcas registradas da Young Living Essential Oils. Para mais informações, contate o seu distribuidor Young Living.

Primeira impressão, julho de 1998
Edição revisada, agosto de 1999
Terceira edição, outubro de 2000
Quarta edição, janeiro de 2002
Quinta edição, janeiro de 2004
Sexta edição, março de 2005
Sétima edição, janeiro de 2007
Oitava edição, agosto de 2008
Nona edição, janeiro de 2011
Décima edição, maio de 2012
Décima primeira edição, janeiro de 2014
Décima segunda edição, janeiro de 2015
Décima terceira edição, fevereiro de 2017
Décima quarta edição, fevereiro de 2018
Décima quinta edição, abril de 2019
Décima sexta edição, março de 2020

Impresso nos Estados Unidos da América.

Copyright © 1998 Carolyn L. Mein, D.C.

ISBN 979-8-9900947-2-7

Arte por Richard Alan

DEDICATÓRIA

Dedico este livro àqueles que procuram novas maneiras de usar óleos essenciais para a cura emocional.

PESQUISA INSTANTÂNEA DE ÓLEOS

Agora há uma maneira fácil de pesquisar como liberar uma emoção com óleos essenciais—a partir do seu smartphone, tablet ou computador.

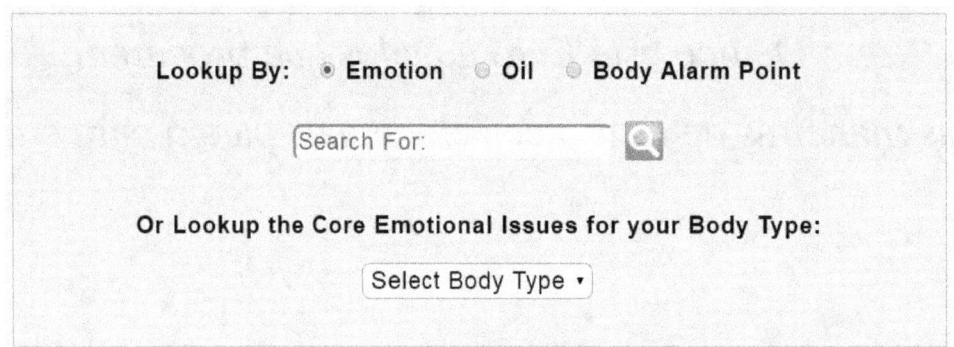

Basta digitar a emoção que você está sentindo, ou um óleo pelo qual você é atraído, ou um ponto do corpo/alarme que está lhe dando um alerta.

Aparecerá todo o procedimento de limpeza—incluindo esquemas anotados de pontos do corpo/de alarme.

Descubra mais em BodyType.com/Releasing

ÍNDICE

Prefácio vi
Agradecimentos vii

LIMPEZA EMOCIONAL 1
    Liberando padrões emocionais com óleos essenciais 3
    Limpeza de padrões emocionais 9
    Descobrindo seu tipo físico 19
    Questões emocionais principais 30
    Harmonizando emoções 32

REFERÊNCIAS 37
    Referência emocional 38
    Harmonia dos chacras 63
    Limpando padrões emocionais 66
    Variação da limpeza de padrões emocionais 70
    Procedimento de compensação para 70
    Referência de óleos 71
    Referências do corpo 86

DIAGRAMAS 97
    Localização dos pontos de alarme do corpo 99
    Quadro A: Face (frente) 107
    Quadro B: Face (lado) 108
    Gráfico C: Tronco frontal 1 109
    Gráfico D: Tronco frontal 2 110
    Gráfico E: Tronco frontal 3 111
    Gráfico F: Tronco traseiro 112
    Gráfico G: Pontos de reflexo do pé 113
    Gráfico H: Mãos 114

MELHORIAS DE COMPENSAÇÃO 115
    Descobrindo outros padrões emocionais 116
    Guerreiro pacífico 121
    Terapia auricular 124
    Técnicas de redação 127
    Apoiando-se 130
    Procedimento de teste muscular para praticantes e terapeutas 131
    Técnicas de aprimoramento 132

TESTE MUSCULAR 133
Bibliografia 146
Fonte 147
Apêndice 148

PREFÁCIO

Há muitos anos, ouvi dizer que o caminho mais rápido para a realização pessoal e, em última análise, para a completude espiritual era através do trabalho, especialmente da cura. Quando comecei minha carreira na quiropraxia, a validade dessa afirmação foi continuamente mostrada para mim na forma de uma maior conscientização de mim mesma e da conscientização pessoal de meus pacientes. A doença tem uma maneira de nos mostrar o que é real, forçando-nos a honrar a nós mesmos e assumir a responsabilidade pessoal por nossos pensamentos e ações. Da mesma forma, a cura, seja através de nossa própria experiência ou da de outra pessoa, traz percepções e consciência valiosas.

Uma doença que tipicamente nos força a olhar para todos os aspectos do nosso ser é o câncer. A prevenção e as várias curas do câncer têm sido um dos meus interesses desde que meu pai faleceu dessa doença no ano em que me formei na faculdade de quiropraxia; ele tinha apenas 45 anos de idade. Foi o meu interesse na detecção precoce e tratamento do câncer que me levou a conhecer o Dr. D. Gary Young quando ele tinha suas clínicas em Chula Vista, Califórnia, e no México. Fiquei impressionada com sua pesquisa, dedicação e sinceridade. Era natural que ele acabasse se concentrando na prevenção e disponibilizasse ao público em geral as propriedades curativas dos óleos essenciais e como usá-los.

Sabendo que, se havia uma pergunta, tinha que haver uma resposta, comecei a descobrir as formas mais eficazes de curar e manter a saúde. Isso me levou à acupuntura, nutrição, cinesiologia aplicada e inúmeras outras formas de cura, além do desenvolvimento da fisiologia transpessoal. Na tentativa de entender as diferentes necessidades alimentares dos meus pacientes, descobri que o corpo é regulado ou controlado por uma glândula, órgão ou sistema dominante. É isso que determina e explica por que existem padrões variados de ganho de peso, características físicas e diferenças óbvias nas necessidades alimentares das pessoas. Na verdade, existem 25 tipos de corpos distintos. Estes não somente apresentam diferentes necessidades alimentares, como também possuem diferentes perfis psicológicos que são expressos em suas características e motivações. O sistema de 25 tipos de corpos é realmente uma ponte entre nosso objetivo final de amor incondicional e completude espiritual e nossa realidade do dia a dia. Como nossos corpos contêm nossa história e fornecem *feedback* constante, aprender a ouvi-los nos dá um guia natural. Perceber a resposta do seu corpo à sua dieta e ter consciência de seus estados de espírito é o ponto ideal para começar. Seu perfil psicológico permite que você entenda o que o motiva, descreve seus dons únicos e aumenta sua autoestima.

Embora as pessoas tenham diferentes motivações para seu comportamento e diferentes traços dominantes, todas possuem acesso a todas as emoções. Foi através da fisiologia transpessoal que consegui identificar uma frequência vibracional para condições físicas e padrões emocionais. Um distúrbio no corpo pode ser corrigido equilibrando a energia através do uso de pontos de acupuntura. Esta foi a base para a limpeza do aspecto físico dos padrões emocionais. O uso de óleos essenciais adiciona outra dimensão ao dar acesso ao sistema límbico do cérebro. Uma das minhas pacientes, Linda Lull, descobriu que poderia usar os pontos de alarme dos órgãos, com as emoções e óleos associados, para melhorar seu equilíbrio e harmonia durante o dia. Como resultado de sua experiência e de compartilhá-la com outros, incluindo o Dr. Terry Friedmann, esta parte de minha pesquisa está disponível para sua informação e uso, tendo como objetivo fornecer orientações para uma utilização mais específica dos óleos essenciais, enfatizando especialmente suas aplicações emocionais.

Carolyn L. Mein, D.C.

AGRADECIMENTOS

Eu gostaria de agradecer a todos aqueles que contribuíram para esta nova edição de *Liberando padrões emocionais com óleos essenciais*. Aos meus alunos, colegas e pacientes por suas perguntas e introspecções.

A todos vocês que usaram a primeira edição e as edições revisadas deste livro, por sua participação e *feedback*. A Kalee Gracse por identificar problemas de controle relacionados. A Fawn Christianson por identificar emoções adicionais. A Sonoma Selena por sua lista de palavras adicionais relacionadas a emoções subjacentes. A Kathy Farmer por suas contribuições e procedimento de limpeza. A Susan Ulfelder por sua pesquisa e sugestões sobre seu método alternativo de limpeza. A Connie e Alan Higley por seu esquema da estrutura da orelha. Ao Dr. Gary Young, N.D. pela formulação das misturas de óleos essenciais, por fornecer óleos de qualidade terapêutica consistente, por sua técnica de escrita para limpeza e pelo suporte contínuo.

A Jeannie Keller pela digitação e formatação, a Craig Ridgley por sua experiência em Informática, a Francis Bischetti por suas atualizações e suporte contínuos e a Nadine Mein pela revisão.

Limpeza Emocional

LIBERANDO PADRÕES EMOCIONAIS COM ÓLEOS ESSENCIAIS

Você se encontra à mercê de suas emoções?

É difícil sair de um estado emocional negativo?

Você é puxado para o vórtice emocional daqueles ao seu redor?

Você se pega várias vezes respondendo da mesma maneira negativa a algumas situações, independentemente de suas melhores intenções de agir de outra forma?

Suas emoções negativas parecem estar além do seu controle?

As emoções são como as ondas do mar—elas fluem e refluem. Elas são poderosas e fornecem impulso para iniciar uma ação. A maioria de nós tem consciência do lado negativo de uma emoção, mas raramente conhecemos de fato o lado positivo ou o outro lado, muito menos como acessá-lo. Por exemplo, todos nós já sentimos raiva, mas qual é a emoção oposta ou positiva e como chegamos lá, especialmente quando estamos envolvidos na raiva? A expressão do lado negativo de uma emoção costuma ser dolorosa; consequentemente, desenvolvemos defesas para nos proteger. Uma das defesas mais comuns é ignorar, reprimir ou alimentar nossas emoções negativas. O que acontece quando alimentamos emoções negativas? Elas ficam presas no corpo e acabam produzindo dor física ou emocional.

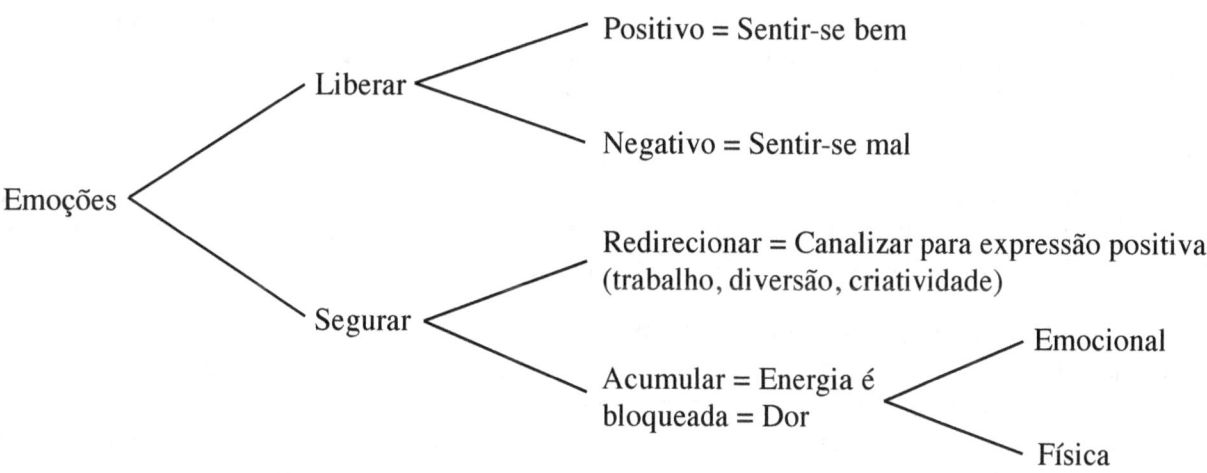

As emoções têm polaridade negativa e positiva. Precisamos ser capazes de acessar ambas as polaridades de todas as nossas emoções para estarmos plenamente vivos. Evitar situações que possam causar dor emocional limita nossas experiências de vida.

Como a retenção de emoções negativas tem efeitos adversos no corpo, o que acontece quando essas emoções são liberadas? Embora você possa se sentir melhor inicialmente, se a expressão emocional for negativa, geralmente há repercussões.

A alternativa para uma resposta negativa é expressar o lado positivo da emoção. Isso soa como uma opção viável; então, vamos analisar uma emoção comum, como a raiva. Todos sabemos como é ficar com raiva e como é receber a raiva de outra pessoa. Agora que decidimos expressar o lado positivo ou o outro lado, o que seria isso? Alegria, felicidade, amor, paz? Embora todas essas emoções sejam positivas, alguma delas é o oposto da raiva?

Para encontrar uma expressão positiva para a energia conhecida como raiva, precisamos entender o que a raiva é e o que a causa. Digamos que você esteja perseguindo seu objetivo. Você está ganhando impulso e tudo está correndo muito bem, quando de repente você encontra um obstáculo. Suas opções são passar por cima, por baixo, ao redor ou através dele. Se você não tiver certeza de qual direção seguir, ficará sentado tentando decidir, enquanto a energia continua a crescer. Quando a pressão atingir certo nível, algo terá que ceder. A expressão negativa desta energia é a raiva.

A raiva nem sempre tem que ter um efeito negativo. Pode fornecer o ímpeto para mudar uma situação insalubre ou trazer um problema à consciência para que uma solução possa ser encontrada. Independentemente disso, a raiva é uma explosão de energia que chama a atenção. O que é uma expressão positiva de uma explosão de energia? Risada. Agora, o que você prefere, sentir raiva ou rir?

Espere um minuto: o que acontece se você tiver muita energia negativa em torno de uma emoção positiva? Talvez tenham lhe dito que seu riso era inapropriado ou você tenha sido ridicularizado quando criança. Se for esse o caso, será difícil para você rir espontaneamente. Acessar seu riso requer liberar as emoções bloqueadas em torno do riso, bem como em torno da raiva.

Quando você é capaz de sentir os dois lados da emoção, você está livre para experimentar plenamente o sentimento. Agora você tem a opção de segurar ou liberar a emoção. Liberar a emoção positivamente cria sensações boas em você e naqueles ao seu redor. Segurar a emoção positiva permite que você use a energia em uma expressão positiva ou criativa através do trabalho ou do lazer.

Aspectos da limpeza de padrões emocionais

Mudar um padrão emocional exige mais do que apenas sentir os dois lados da emoção. É preciso reconhecer e compreender o padrão que desencadeia a emoção, que é o aspecto mental. É preciso receber a mensagem ou aprender a lição aumentando a consciência, que é o aspecto espiritual. Mudar uma resposta condicionada e automática requer acessar a memória celular armazenada no corpo físico.

Embora a decisão de mudar um padrão seja o primeiro passo, por si só não é suficiente para mudar uma resposta bem enraizada. O padrão precisa ser entendido e identificado para que possa ser reconhecido. Uma vez que você seja capaz de reconhecer um padrão emocional, como a raiva, você pode decidir se quer sentir raiva ou rir. Digamos que você queira rir, mas parece que não consegue superar a raiva. Sabendo que a raiva vem do fato de a sua direção estar bloqueada, você precisa mudar sua perspectiva para ver a situação de um ponto de vista diferente, permitindo que você determine sua saída ou a melhor direção a seguir. Essa perspectiva superior é o componente espiritual que fornece a "saída" e permite que você receba a mensagem ou o aprendizado, aumentando sua consciência. A "saída" da raiva é mudar a perspectiva. "Minha direção é clara" facilita a mudança. As respostas automáticas têm um componente físico, o que

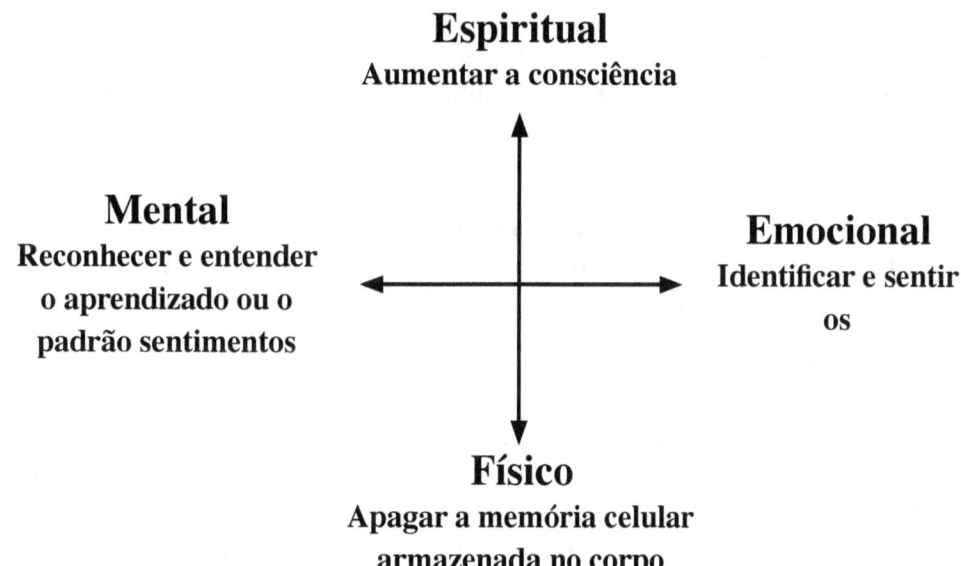

A limpeza eficaz dos padrões emocionais requer o acesso a todas as quatro áreas.

significa que a emoção é armazenada nas células do corpo. Sabemos pela acupuntura tradicional que a raiva é armazenada no fígado. O fígado, assim como outras glândulas e órgãos, pode ser acessado através de pontos do corpo conhecidos como pontos de alarme.

Óleos essenciais para liberar ou alterar padrões emocionais

Você já reparou como cheiros, como o de pão assando, podem trazer de volta uma memória de infância e todos os sentimentos associados à sua avó favorita? O olfato acessa o sistema límbico do cérebro, que é a sede das nossas emoções[1]. Os antigos egípcios usavam óleos essenciais para limpar emoções específicas e registraram isso nas paredes de certas câmaras de cura do templo.

Os sesquiterpenos, encontrados em altos níveis em óleos essenciais, como o de olíbano e o de sândalo, ajudam a aumentar o oxigênio no sistema límbico do cérebro, que, por sua vez, "desbloqueia" o DNA e permite que a bagagem emocional seja liberada da memória celular. Foi descoberto que as emoções são codificadas dentro do DNA das células e transmitidas de geração em geração. Descobriu-se até que padrões de comportamento emocional estão "trancados" dentro das famílias. Pacientes transplantados relatam memórias e desejos estranhos que comprovam ainda mais que as emoções estão armazenadas no corpo e codificadas no DNA das células[2]. Recentemente, estudos da Universidade de Nova York provaram que a glândula amígdala (a glândula no sistema límbico do cérebro que armazena e libera traumas no corpo) não responde ao som, visão ou toque, mas APENAS libera trauma emocional através do olfato.[3]

As próprias emoções são armazenadas no corpo em seus órgãos, glândulas e sistemas. Os sentimentos são captados através dos chacras, ou centros de energia ao longo da linha média do corpo, e então alimentados no sistema de meridianos, que consiste em canais de energia que percorrem todo o corpo. Como cada

---

[1] *Molecules of Emotion*, Candace B. Peri, Ph.D
[2] *The Heart Code*, Paul P. Pearsall
[3] *Unlocking Emotions with Essential Oils*, Kathy Farmer

órgão tem uma frequência vibracional, assim como as emoções, estas se estabelecerão em uma área com uma frequência correspondente. A doença ocorre quando a frequência vibracional do corpo cai abaixo de um certo ponto. Os óleos essenciais podem aumentar a frequência do corpo e os óleos de qualidade terapêutica (medicinal) são capazes de fazer isso porque vibram em alta frequência e transferem essa frequência para o corpo.

Os óleos essenciais têm sido utilizados ao longo dos tempos para a cura e a Bíblia contém 188 referências a eles. Por exemplo, os óleos de olíbano, mirra, alecrim, hissopo e nardo eram usados para ungir e curar os enfermos nos tempos bíblicos. Uma das mais antigas modalidades de cura conhecidas, a acupuntura, utiliza as emoções associadas e armazenadas nos principais órgãos para diagnosticar doenças.

Causa dos padrões emocionais

Um padrão emocional é uma resposta de sobrevivência baseada no medo. A finalidade do ego é nos proteger de danos. O ego é como um grande computador: ele coleta todos os dados de nossas experiências de vida, toma literalmente tudo o que é dito e armazena tudo isso. As respostas protetoras do ego são baseadas em experiências passadas; então, as respostas futuras serão as mesmas, a menos que o programa seja alterado. À medida que amadurecemos e crescemos, precisamos atualizar o programa do ego para experimentar todo o nosso potencial.

Por exemplo, quando você era criança pequena, lhe disseram para não ir para a rua. Quando você era mais velho e capaz de ser responsável por si mesmo, foi ensinado a olhar para os dois lados e a atravessar a rua quando fosse seguro. Se você ficasse com a programação inicial de "a rua é perigosa, fique fora disso", você teria medo de atravessar a rua e nunca iria experimentar o mundo além do quarteirão onde você morava.

Quando crianças, tomamos decisões de sobrevivência com base em nossas habilidades. Se você tiver crescido com pais que o puniam toda vez que você dissesse algo de que eles não gostassem, terá aprendido rapidamente a satisfazer seus pais deixando de expressar seus sentimentos sempre que achasse que eles incomodariam seus pais. Isso iniciaria um padrão de sobrevivência de não falar sua verdade quando as pessoas ao seu redor pudessem desaprová-la.

Para estar seguro, você tinha que controlar suas emoções. Como não era seguro expressar seus sentimentos espontaneamente, você precisava suprimi-los e internalizá-los ou encontrar outra forma de lhes dar vazão. Quando crianças, temos recursos limitados, especialmente quando nossos modelos têm maneiras ruins de lidar com suas emoções negativas. Como resultado, a maioria de nós conhece a expressão negativa de uma emoção, mas poucos de nós conhecem o lado positivo e muito menos como acessá-lo.

A dor geralmente é o que nos leva a buscar melhores formas de lidar com as situações. A dor geralmente é induzida por um trauma físico ou emocional. O trauma então inicia um padrão emocional, que faz com que ocorra o seguinte:

1. A energia emocional gerada durante o trauma entra no corpo e, se não for liberada, fica armazenada em um órgão ou glândula com a mesma energia vibracional. Por exemplo, a raiva é armazenada no fígado.

2. A memória do trauma fica armazenada no sistema límbico do cérebro, que é o lugar das emoções.

3. Nossas mentes criam uma crença e a ligam à memória emocional armazenada no sistema límbico do cérebro.

4. A resposta emocional ao trauma fica armazenada na memória celular por todo o corpo e se torna automática.

Identificando padrões emocionais

A maneira mais fácil de identificar padrões emocionais é através de seus sentimentos. Um trauma, real ou suposto, estabelecerá o padrão inicial e situações semelhantes acionarão o padrão, dando-lhe uma oportunidade de perpetuá-lo ou curá-lo.

Qualquer coisa que incomode você leva uma carga emocional. À medida que sua consciência aumenta, você tem mais recursos para lidar com uma situação de maneira diferente, aprendendo com suas experiências passadas. Se você optar por ignorar e suprimir os sentimentos, o problema tende a aumentar cada vez que se apresentar.

A essência da nossa experiência de vida é ter experiências das quais possamos aprender, crescer e dominar. As experiências com as quais mais aprendemos são aquelas que atraem nossa atenção. Para a maioria de nós, é preciso sentirmos dor para que isso nos faça olhar para uma situação. No entanto, muitas vezes o trauma emocional produz mais dor do que conseguimos lidar; então, bloqueamos o trauma de nossa consciência. Como se supõe que fiquemos mais sábios com a idade, aprendendo com as experiências da vida, o trauma emocional não curado acaba ressurgindo. Por quê? Porque há algo que precisamos aprender. Qual é a lição básica? Que as emoções devem vir do amor, ao invés do medo. Todas as emoções derivam do amor ou do medo. O medo, em última análise, vem de uma desconexão com a fonte espiritual de cada um.

Consequentemente, todas as religiões e caminhos espirituais apontam para um Ser Espiritual Supremo como a fonte de tudo o que existe. O objetivo é uma conexão espiritual que se reflita na maneira como vivemos nossas vidas. Essencialmente, estar alinhado espiritualmente permite que se tenha compaixão e se expresse as qualidades positivas da vida.

O corpo mantém padrões emocionais independentemente da percepção consciente. Como o corpo nunca mente e retém energia bloqueada, ele é um bom indicador de problemas emocionais não resolvidos. Muitas vezes, a primeira indicação de um problema é a dor—física, emocional ou ambas. Muitos problemas físicos têm um componente emocional, principalmente quando são crônicos. Algumas emoções são tão fortes e evidentes que são fáceis de reconhecer. Quando for este o caso, você pode abordar o sentimento indo até a emoção específica encontrada na seção *Referência Emocional* e começar a liberá-la diretamente.

Às vezes, enterramos nossas emoções e elas são armazenadas no corpo até que uma pressão suficiente seja criada, produzindo dor ou doença naquela área[4]. Para identificar a emoção associada a uma determinada área de dor, localize a dor nos gráficos corporais e consulte a *Referência Corporal* da emoção associada.

Uma vez que a emoção tenha sido identificada, seu outro lado tenha sido entendido e a lição ou a saída tenha sido compreendida, a emoção precisa ser liberada da memória celular. Caroline Myss, Ph.D.[5] afirma que 70% das células do corpo precisam mudar antes que uma nova direção se torne realidade. Isso explica por que é preciso mais do que consciência para que um padrão mude. Embora a compreensão de um problema seja importante, o corpo ou a memória celular também precisam receber a mensagem; daí a necessidade de repetição do procedimento de limpeza.

---

[4] *Feelings Buried Alive Never Die*, Carol Truman
[5] *Why People Don't Heal And How They Can*, Caroline Myss. Ph.D

Identificando questões centrais

Ao identificar um padrão emocional, a maneira mais eficaz de mudar o padrão é ser o mais específico possível para chegar à questão central. Se você estiver usando o teste muscular, uma forma de se conectar com seu subconsciente descrita no último capítulo, como forma de identificar o problema, você encontrará áreas relacionadas que estão próximas. Sua indicação de uma emoção que está próxima, mas não é a questão principal, é que o músculo se apresentará "esponjoso", ao invés de solidamente forte ou fraco. Certas emoções, como a amargura e o ódio, relacionam-se a questões mais profundas e são referenciadas como "enxergar além de algo" ou "enxergar a raiva". Continuar a explorar a emoção mais profunda permite que você localize a questão ou o problema central. Trabalhar essa questão permite maximizar a sua eficiência. No entanto, existem emoções relacionadas a cada questão central. Trabalhar com as emoções ao seu redor permite reduzir a intensidade emocional.

Lidando com emoções relacionadas

Ao lidar com uma questão central que requeira a aplicação do óleo essencial e a repadronização emocional 18 vezes por dia durante sete semanas, é comum que nesse processo aflorem emoções associadas. Se desejar, você pode acrescentar emoções relacionadas usando óleos diferentes antes de completar as sete semanas, ou pode trabalhar com essas emoções usando o mesmo óleo. Por exemplo, você pode começar com lavanda para redefinir o "medo de críticas" e adicionar o "medo do abandono" ao procedimento antes de terminar com a primeira emoção.

Durante o processo de limpeza, você pode experimentar emoções aflorando rápida ou intensamente. Se usar o óleo lhe traz mais emoções do que você sente que pode lidar, faça uma pausa e processe as emoções por um período de tempo que seja confortável. Quando estiver pronto, continue de onde parou. Emoções avassaladoras geralmente indicam emoções subjacentes que também precisam ser limpas. Trabalhá-las juntamente com as questões centrais geralmente reduz as emoções avassaladoras. À medida que as memórias e emoções vêm à tona, muitas vezes é útil escrever, dar um passeio, meditar, conversar com um amigo próximo ou fazer exercícios. Mais informações sobre técnicas de escrita são encontradas na seção *Aprimoramentos da Limpeza*.

LIMPEZA DE PADRÕES EMOCIONAIS

Padrões emocionais são mantidos na memória celular e nos afetam física, mental e emocionalmente. A mudança de padrões de comportamento requer:

1. **Compreensão do padrão emocional.** Envolve ver como a mesma emoção se apresenta em diferentes situações e como ela afeta sua vida. Permite que você veja por que está enfrentando os problemas em sua vida. Uma vez que o padrão é entendido ou o problema é definido, a mensagem ou uma maneira melhor de lidar com a situação aparece.

2. **Reconhecimento do problema** antes de se encontrar no meio dele. Ao entender a causa do problema, as situações podem ser tratadas de uma maneira melhor. Em essência, a lição foi aprendida.

3. **Estar disposto e pronto para mudar.** Até que as ramificações ou efeitos de um comportamento sejam compreendidos ou experimentados, não há necessidade, exigência ou motivação para mudar. Esse fato é o motivo pelo qual as situações pioram ou se deterioram a um nível insuportável antes que uma pessoa seja capaz de ver o padrão e seu papel nele. A mudança requer troca de direção, que exige esforço e energia concentrada.

4. **Mudança no padrão de energia emocional.** Um comportamento ou resposta automática é um padrão de energia fixo. Para efetivamente fazer uma mudança, a energia precisa ser eliminada de todas as partes do corpo: física, mental e emocional. Aprender a lição afeta o corpo espiritual; a compreensão do padrão aborda o corpo mental; os pontos de alarme associados acessam o corpo físico; e os sentimentos se relacionam com o corpo emocional.

Padrões de limpeza

Limpar um padrão profundo requer trazer a lição para a consciência e compreendê-la completamente, essencialmente aprendendo a lição. Limpar o padrão emocional do corpo requer sentir a emoção e liberá-la da memória celular do corpo. As emoções armazenadas nas glândulas e órgãos podem ser acessadas através dos pontos de alarme da acupuntura, e o sistema límbico acessado através do olfato. Os óleos essenciais mantêm frequências vibracionais que podem mudar os padrões. Usá-los nos pontos de alarme de acupuntura envia a frequência diretamente para o órgão específico e cheirar o óleo libera o padrão do sistema límbico do cérebro, fornecendo acesso direto à memória celular do corpo.

Liberação de padrões emocionais requer:

1) identificar o padrão que está ligado à emoção,

2) entender o padrão—o lado oposto da emoção,

3) aprender a lição descobrindo a saída da situação,

4) limpar e reprogramar o padrão na memória celular do corpo—alterando o DNA e

5) liberar o padrão da memória mantida no sistema límbico do cérebro.

O que esperar
Limpar padrões emocionais com óleos essenciais é muito suave.

As mudanças são muitas vezes sutis porque o corpo é capaz de liberar a programação da mesma forma que entrou, um passo de cada vez. Este é o motivo da repetição. A duração do tempo é irrelevante. Você pode se mover no seu próprio ritmo, se você levar 7 semanas ou 7 meses para resolver um problema central, depende de você. Aprender a trocar da emoção negativa para a positiva torna as mudanças permanentes.

Você se verá respondendo às situações em vez de reagir. Muitas vezes há uma sensação de paz interior, relaxamento profundo ou uma abertura, permitindo que seu corpo respire. Você notará mais flexibilidade, o que é evidenciado pela maneira como lida com as situações.

Emoções, memórias e consciência vêm à tona quando você é capaz de lidar com elas. O processo de limpeza começa com uma emoção dolorosa como a rejeição e leva você a um estado positivo. Embora a afirmação "aceito tudo o que sou" possa trazer à tona todas as respostas "sim, mas" do comitê de diálogo interno, o resultado final é um estado de aceitação. À medida que você continua o processo de repetição, você eventualmente apaga o antigo padrão de resposta celular e o substitui pelo novo, de aceitação.

Nosso desafio é expressar o amor independente do que a vida apresenta. O jogo é a sobrevivência com nossos maiores medos como palco. O medo é a causa dos padrões emocionais, também conhecidos como problemas psicológicos, que refletem as lições que cada um de nós precisa aprender. Embora todos tenhamos todos os padrões emocionais, alguns deles são mais desafiadores do que outros. Alguns padrões são universais, enquanto outros são mais comuns para certas pessoas do que para outras. Existe um denominador comum entre os grupos de pessoas e isso se reflete na forma do corpo. Daí o estereótipo de pessoas gordas sendo alegres e magras sendo mais sérias. A forma do corpo é determinada pela glândula, órgão ou sistema do corpo que é o mais dominante. Essa glândula dominante controla não apenas a forma do corpo, mas também os traços básicos da personalidade.

Padrões emocionais são armazenados no corpo com grandes desafios de vida correlacionados com a glândula dominante de cada pessoa, que determina seu tipo de corpo. Como determinar o tipo de corpo e os principais problemas associados a cada tipo são pontos encontrados em Pontos de conexão. Experiências típicas mostram o efeito que a limpeza dos padrões emocionais tem na vida de uma pessoa.

Experiências Típicas
Raiva
Lane é um homem de 26 anos cuja glândula dominante é o timo. As questões centrais ou principais desafios do tipo timo são julgamento e controle, sendo a raiva a resposta emocional dominante. Ele começou a usar a mistura de óleos essenciais de *purificação* nos pontos de alarme do fígado e nos pontos emocionais nas eminências frontais sete vezes ao dia, sentindo as emoções da raiva, depois o riso e fazendo a declaração: "Minha direção é clara".

Em menos de uma semana, ele viu sua guitarra favorita sendo derrubada, fazendo com que o estojo ficasse lascado, enquanto ensaiava com a banda. Sua resposta normal a situações como essa seria uma raiva intensa, que permeou todos em seu ambiente e continuou por pelo menos uma semana antes que qualquer solução pudesse começar a surgir.

Desta vez, ele entrou em casa e disse à mãe que estava com raiva porque seu violão estava lascado. Dentro de uma hora ele estava na garagem, encontrou um pouco de tinta preta e consertou o ponto lascado até ficar quase imperceptível. Este incidente foi seguido por situações semelhantes em que ele conseguiu sair rapidamente de uma resposta de raiva e até contornar a raiva, para chegar a uma solução viável, que servisse para todos.

Uma vez que ele terminou de usar o óleo de purificação por três semanas, a emoção seguinte, a frustração, que está armazenada no ducto biliar comum, veio à tona. O "outro lado" da frustração é a realização. A "saída" é: "Eu vou além das minhas limitações". Tendo terminado de usar o óleo de limão sete vezes ao dia durante três semanas, ele estava pronto para lidar com a questão central do timo, o medo do fracasso. O "outro lado" do medo do fracasso é o desdobramento e a "saída" é "eu aceito o crescimento". O ponto de alarme é o timo e o óleo essencial é a hortelã-pimenta.

Limpar os padrões emocionais com a "saída" e os óleos essenciais permitiu que Lane transformasse questões centrais e mudasse as respostas emocionais com as quais ele vinha lidando durante toda a sua vida. Ele foi capaz de integrar facilmente os novos padrões em seu ser, tornando sua vida mais fácil e feliz como resultado.

Relacionamentos

Molly é uma mulher de 40 anos que tem feito diversas atividades para crescimento pessoal, incluindo psicoterapia, há anos. Embora ela entendesse completamente a dinâmica de seus relacionamentos, ela era incapaz de quebrar os padrões emocionais que a prendiam. Ela começou a usar lavanda para limpar seus profundos problemas de abandono junto com a afirmação: "Eu aprendo com todas as experiências da vida".

Pouco tempo depois, ela se viu em uma situação com o namorado em que se sentiu compelida a expressar seus sentimentos em vez de continuar a mantê-los presos dentro de si. Na manhã seguinte, ela se sentiu fabulosa e empoderada. O namorado dela queria terminar o relacionamento. Pela primeira vez em sua vida, ela foi capaz de dizer seriamente: "Se é isso que você realmente quer e precisa para si mesmo, respeitarei sua decisão". Apesar de sentir falta dele e saber que era a decisão certa, esta foi a primeira vez que ela conseguiu passar por um rompimento sem envolver seus problemas de abandono e implorar para que seu amado voltasse. Ela atribuiu tudo à limpeza de seu padrão emocional de abandono.

Doença crônica

O corpo é um indicador maravilhoso do que está acontecendo na vida de uma pessoa. Ele reflete fisicamente o que está ocorrendo emocionalmente, apesar do que a mente faz para racionalizar ou ignorar a realidade. O corpo de Tatiana respondeu formando tumores visíveis. O primeiro apareceu em 1989, na planta do pé. Ela procurou ajuda médica convencional e removeu o tumor e uma parte do pé. Sendo uma dançarina profissional, ela percebeu que isso era um alerta que resultou em sua saída de um casamento ruim.

Em 1996, alguns anos depois, quando notou alguns tumores na perna, percebeu que precisava chegar à causa do problema ao invés de apenas tratar os sintomas. Este foi o início de sua jornada para o crescimento pessoal e psicoterapia. Quando os tumores apareceram pela terceira vez, em 1999, Tatiana identificou um fio condutor. Cada vez que os tumores apareciam, Tatiana estava em um relacionamento com um homem onde ela havia desistido de sua identidade. No passado, ela havia deixado cada relacionamento sabendo que, apesar da dor emocional, era o que ela tinha que fazer para sobreviver.

Desta vez Tatiana tinha outra ferramenta, o conhecimento de como usar óleos essenciais para liberar padrões emocionais profundos. Ela reconheceu vários padrões emocionais relacionados e usou os óleos essenciais correspondentes ao procedimento de limpeza. Tatiana foi esporádica com o uso de alguns dos óleos com pouca diferença perceptível, exceto por dois: *liberação* por medo do amor não ser incondicional e *lavanda* para o medo de abandono. Quando ela usou a *lavanda*, Tatiana ficou surpresa ao sentir sua dor de abandono se dissipar. Esta foi a primeira vez que ela foi capaz de deixar um relacionamento e se sentir inteira. Ela passou por todo o rompimento sem chorar e voltar atrás no que ela sabia que era certo para ela. Daniel, o homem com quem ela estava em um relacionamento, iniciou o rompimento porque Tatiana estava dando muito de sua energia para ele e ele podia ver que isso estava afetando sua cura. Ela o atraía para se sentir completa e fugir de seu medo de compromisso. Assim que Tatiana chegou em casa, ela começou a aplicar *liberação* e *lavanda* fazendo a Oração do perdão toda vez que pensava em Daniel. Ela fez a oração e usou os óleos aproximadamente a cada hora e ficou impressionada com o quão bem ela dormiu naquela noite, bem como com a facilidade com que passou os próximos três dias.

A Oração do perdão que Tatiana usou é da Dra. Roberta Herzog e sua reimpressão foi autorizada. Consulte as "Fontes" para obter mais informações.

A lei do perdão

A lei do perdão vem do "Pai Nosso" onde se diz: "... e perdoai-nos as nossas ofensas, assim como nós perdoamos a quem nos tem ofendido..." Esta é uma lei universal... que quando você perdoa e pede perdão em troca, o carma da situação começa a ser neutralizado.

Aqui está o que você pode fazer para ajudar a si mesmo: todas as manhãs e todas as noites, por *pelo menos* 10 dias a 2 semanas, quando você se levantar de manhã e antes de se deitar à noite, sente-se e fique quieto. Feche seus olhos. Imagine a alma que você deseja perdoar sorrindo e feliz. Então diga, em voz alta, para esta alma:

"_____, eu te perdoo por *tudo* que você já me disse ou fez em pensamento, palavra ou ação que me causou dor nesta ou em qualquer outra vida. Você é livre e eu sou livre! E _____, peço que *me* perdoe por *qualquer coisa* que já tenha dito ou feito a você em pensamento, palavra ou ação nesta ou em qualquer outra vida que tenha lhe causado dor. Você é livre e eu sou livre! Obrigado, Deus, por esta oportunidade de perdoar _____ e de me perdoar."

Você vai "saber" quando parar de dizer isso diariamente quando tiver uma *liberação verdadeira* depois de aproximadamente 10 dias a 2 semanas. Essa liberação pode ser choro, riso, sensação de bem-estar... qualquer coisa. Você também descobrirá que *mudou completamente sua atitude em relação a esta alma* e que *a atitude dessa alma também mudará em relação a você*! Agora você começará a realmente ver qual é o problema e começará a trabalhar com *esse carma* e a neutralizá-lo, libertando-se da dor, tornando-se mais feliz, mais saudável e mais pacífico em mente, corpo e espírito.

Tatiana percebeu que estava tentando se completar com outra pessoa. Sua crença era: "Se eu lhe der o que você quer, você vai me amar. Se eu lhe completar fornecendo sexo satisfatório, você me completará e cuidará de mim." Tatiana percebeu que não precisava de um relacionamento sexual para se sentir completa. Ela precisava assumir a responsabilidade por si mesma, então ela adicionou *bétula*. Uma vez que ela foi capaz de mudar seu foco de ser meia pessoa para ser uma pessoa inteira, ela mudou sua experiência com Daniel. Eles continuaram a se ver socialmente e Tatiana percebeu que eles estavam se tornando duas energias completas dentro de si que se uniram para criar uma terceira energia.

Por ser uma pessoa com corpo do tipo digestivo, *paz e calma* foi extremamente valioso para seu medo de perder o controle. O abandono durante uma doença ou crise é um medo que Tatiana carrega desde sempre. Quando reconheceu o profundo efeito que a *lavanda* teve em seu problema de abandono, Tatiana foi capaz de abordar outros problemas também e permitir que eles fossem resolvidos com a mesma delicadeza. Tatiana agora tem um profundo senso de conhecimento interior de que aprendeu a lição de manter o compromisso de cuidar de si mesma, mudando o padrão celular que levou à formação do tumor em seu corpo.

Abundância

Pete, um empreiteiro autônomo, do tipo de corpo Adrenal, 45 anos, queria trabalhar na sua abundância. Sendo autônomo, ele era responsável por obter todos os trabalhos para si e sua equipe. Começamos fazendo teste por abundância, mas ela não apareceu; então a sua insuficiência, o que também não teve efeito. Procurando a emoção subjacente, encontramos o fracasso. O medo do fracasso é armazenado na glândula timo. O outro lado do fracasso é o desdobramento, e a maneira de chegar ao desdobramento é "Eu aceito o crescimento". A maneira mais rápida para Pete mudar esse padrão foi aplicar óleo *de hortelã-pimenta*, sentir as emoções e dizer a afirmação: "Aceito o crescimento" 7 vezes por dia durante 7 semanas.

Após 3 semanas, Pete conseguiu dois grandes trabalhos, que manteriam ele e sua equipe ocupados até o final do ano, além de seus trabalhos regulares. Ele percebeu que trazer mais negócios exigiria a contratação de mais equipe, então decidiu descontinuar o óleo de *hortelã-pimenta* por um tempo. Ele decidiu que retomaria com o óleo quando estivesse pronto para aceitar o crescimento em outras áreas de sua vida.

Pronta para mudança

Tanya percebeu que estava em um relacionamento verbalmente abusivo com a filha adolescente de seu marido, Suzie. A culpa que o marido sentia por ter se divorciado da mãe de Suzie o impedia de disciplinála. O marido não apoiava ou socorria Tanya da raiva e do abuso verbal de Suzie.

Tanya estava "cansada" da disfunção em sua vida e percebeu que a única maneira da cura realmente ocorrer seria mudar seus padrões limitantes. Ela começou selecionando dois óleos, purificação para raiva e SARA para abuso, ambos relacionados a questões centrais para usar 18 vezes ao dia durante 7 semanas, juntamente com um terceiro óleo, liberação, para usar 10 vezes ao dia durante 7 semanas para perda de identidade e medo do sucesso. Estando comprometida, seu foco era lembrar de aplicar os óleos. Este era um trabalho de tempo integral e um pouco desafiador quando ela usava um collant ou meia-calça com um vestido longo, especialmente porque um dos problemas era a raiva (ponto de alarme do fígado) e, outro, a perda de identidade (ponto de alarme do útero).

Na primeira semana, ela aplicou os óleos apenas 10 vezes ao dia, em vez de 18. A medida que Tanya percebeu que ela não estava se valorizando, ela conseguiu aumentar o número para 18. Repetindo o padrão negativo/antigo seguido pelo positivo/novo estado e a afirmação/declaração trouxeram seus padrões de pensamento diário para a consciência. Ela tomou consciência da direção que precisava seguir para chegar onde queria e do que vinha fazendo para ficar presa. O antigo padrão de fazer um pouco de tudo sem foco estava associado ao medo da conclusão. Este e outros padrões relacionados vieram à tona de forma suave, em um ritmo que ela era capaz de controlar. Dedicada a alcançar um novo patamar, ela estava ciente de como era bom realmente se importar consigo mesma enquanto continuava as 7 semanas. Sua recém-descoberta clareza e consciência permitiram que ela finalmente embarcasse em uma carreira.

Tanya foi criada para ser altruísta, servindo sempre, e se tornou um capacho no processo. Usando os óleos, ela imediatamente percebeu que era capaz de lidar com calma e eficiência em situações em que antes reagia emocionalmente, principalmente com dois adolescentes em casa. Tanya foi capaz de responder racionalmente, em vez de reagir emocionalmente ao estresse, permitindo-se manter seu lugar de paz para que ela pudesse sair de uma discussão em vez de se envolver nela. Com seu tipo de corpo sendo pulmão, que é extremamente sensível às emoções, esta foi uma grande conquista. Ela ganhou maior clareza, autoconsciência e força. Ao expressar-se com amor e firmeza, sua família ganhou uma melhor compreensão de como ela realmente se sentia e desenvolveu um maior respeito por ela. Emocional por natureza, limpar a negatividade em torno de questões centrais permitiu que ela entrasse em contato com seus verdadeiros sentimentos e, como resultado, fosse fiel a si mesma.

Após seu intensivo de 7 semanas, o propósito de Tanya continua a se tornar mais claro e definido à medida que a vida lhe apresenta oportunidades de experimentar e expressar seus dons e talentos. Ela está cada vez mais consciente do que realmente quer fazer. Pela primeira vez em sua vida, ela está encontrando sua força interior, seu núcleo e integrando todos os aspectos de si mesma. Ela percebeu que quem ela é e como ela responde às situações afeta sua família e todas as outras pessoas com quem ela está em contato. Embora ela esteja totalmente ciente do estado emocional das pessoas ao seu redor, ela não precisa mais refletir emocionalmente às emoções deles. Pela primeira vez em sua vida, ela está livre.

Ajudando um parceiro

Elaine e Bob têm um relacionamento muito bom e amoroso. Mesmo que eles se apoiem, excepcionalmente há momentos em que Elaine sente que Bob não a ouve. Ela pediu repetidamente para ele abrir a porta do banheiro quando ele se levantasse porque ela não quer acordá-lo com o barulho do secador de cabelo e o banheiro fica quente, mas ela não consegue ouvi-lo por causa do barulho do secador. Mesmo que ele repetidamente prometa fazer melhor, ele não consegue se lembrar de abrir a porta. Outro problema é que a gata está ficando velha e exigente com a comida. Elaine pediu repetidamente a Bob para não dar tanta comida à gata porque ela não comeria as sobras. Bob continua lhe dando muita comida e, quando lembrado, sente que Elaine o está incomodando. Quando Elaine precisa de alguém apenas para ouvir e compartilhar seus sentimentos de frustração, Bob fica chateado, às vezes até com raiva, deixando Elaine com a impressão de que não pode compartilhar seus sentimentos com ele. A discussão repetida do padrão de comportamento não fez nada para mudá-lo, apenas trouxe mais frustração ou agravou o problema.

Ao conversar com Elaine, perguntei a ela qual era a questão subjacente para Bob. Ela relatou isso ao sentimento de impotência dele, como quando sua mãe ou seus amigos no Vietnã estavam morrendo. A emoção subjacente para se sentir desamparado é *sobrecarregado*. O outro lado da *sobrecarga* é a *visão* e a maneira de chegar lá é com a afirmação: "Eu concentro minha energia". O óleo é o *Envision* e o ponto de alarme é o ponto de visão próximo aos olhos.

Elaine compartilhou sua descoberta com Bob e deu a ele o óleo *Envision*. Elaine notou que Bob colocou a declaração com as emoções em seu espelho. Na segunda manhã, Elaine foi até Bob e disse: "Está funcionando". A gata tinha a quantidade certa de comida, a porta estava aberta e sua comunicação mais livre e aberta. Bob ainda não havia notado a mudança, mas notou no quinto dia. Desnecessário dizer que Bob continuou a usar o óleo e limpar seu padrão emocional.

LIMPEZA DE PADRÕES EMOCIONAIS

Um padrão emocional pode ser identificado a partir da própria emoção ou da área do corpo onde há dor ou desconforto. A Referência emocional lista as emoções (ambas as polaridades), os pontos de alarme do corpo e os óleos essenciais usados para limpar os padrões. Consulte a seção *Esquemas* para obter as localizações dos pontos de alarme do corpo.

A maioria das palavras listadas sob as emoções são as de polaridade negativa. As que são positivas se relacionam com o medo de algo—como o medo do amor, de não ser amado ou não ser amável.

Para limpar um padrão emocional, comece por:

1) Identificar o sentimento ou emoção. Isso o traz para a percepção consciente.

2) Uma vez identificada, a emoção e o padrão de pensamento que o criou precisam ser compreendidos.

3) Em seguida, olhe para o "outro lado" ou para a emoção positiva, que é a dádiva ou expressão positiva da emoção.

4) A "saída" é uma declaração ou afirmação que fornece uma maneira de mudar a energia do negativo para o positivo. Ele se concentra na essência da lição para que possa ser facilmente vista e compreendida. Uma vez que a "saída" de um sentimento negativo é conhecida, é fácil sair de um estado emocional indesejável. Quando a emoção negativa perde o controle e a lição foi aprendida, então a situação de vida relacionada está livre para mudar. Se a emoção ou situação negativa reaparecer, as ferramentas estão prontas para mudar rapidamente a atenção e o foco. Isso permite uma posição de escolha e empoderamento pessoal.

Limpar padrões emocionais arraigados requer liberar padrões emocionais retidos e substituí-los pela resposta desejada. Mudar um padrão é como preencher um sulco—quanto mais profundo o sulco, mais frequentemente você precisa se conectar com o outro lado da emoção. A "saída" fornece a ponte que permite que você mude do lado negativo para o lado positivo da emoção. Quanto mais profundo o padrão emocional, mais frequentemente você precisa ligar os dois lados da emoção para estabelecer um novo padrão.

5) O próximo passo é liberar o padrão da memória celular. Isso é feito inalando o óleo essencial e aplicando-o nos pontos de alarme e nos pontos emocionais. Para ativar um óleo essencial, coloque uma gota na palma da mão não dominante e gire-a no sentido horário três vezes. Em seguida, coloque-o no alarme e nos pontos emocionais. Se sobrar óleo, você pode querer aplicá-lo nos pontos de liberação e/ou filtro conforme descrito abaixo.

As frequências de aplicação típicas são 1, 3, 7, 10 ou 18 vezes por dia durante 1, 3 ou 7 semanas. Diferentes emoções podem ser tratadas, uma imediatamente após a outra. Quando são necessários óleos diferentes, eles podem ser colocados em camadas, o que significa que um óleo é aplicado diretamente em cima ou após o outro. Os óleos podem ser aplicados com intervalos de 15 minutos, para que você possa usá-los antes e depois do trabalho ou nos momentos em que tiver a chance de se concentrar nas emoções. Se você achar que não é capaz de usar o óleo com a frequência desejada, ou precisa tirar algum tempo para processar as emoções, pode estender o tempo de aplicação dos óleos.

Pontos de liberação e pontos de filtro

O ponto de liberação, localizado na medula espinhal na base do crânio, auxilia na liberação do padrão emocional. Os pontos de filtro localizados em ambos os lados da parte de trás do crânio são usados para filtrar energias que trariam uma pessoa de volta ao antigo padrão. Estes são pontos de aprimoramento adicionais que podem ser usados periodicamente uma vez que o óleo essencial tenha sido aplicado nos pontos de alarme e nas eminências frontais.

Sensibilidade ao óleo

Alguns óleos são fortes e podem ser irritantes para a pele sensível, especialmente no rosto e na testa. Se sentir ressecamento ou queimação, dilua o óleo adicionando uma gota de V6 ou qualquer óleo vegetal na palma da mão. Se você sentir alguma dificuldade com os óleos, simplesmente os inale e toque nos pontos de alarme e nos pontos emocionais, sentindo as emoções e dizendo a afirmação.

Certos óleos como o *limão* podem fazer com que uma pessoa fique fotossensível—queimando facilmente sob luz solar intensa. Use esses óleos com cuidado, os inalando em vez da aplicação tópica.

Uma vez que o óleo tenha sido aplicado inicialmente, sentir as emoções e dizer a afirmação é, em muitos casos, eficaz quando o uso do óleo é inconveniente.

O elemento mais importante é a sua intenção. Sinta os sentimentos e concentre-se na afirmação. Pode haver momentos em que a afirmação não é clara. À medida que você trabalha com isso, novas consciências surgirão. Este é um processo de aprendizagem e de desdobramento.

Trabalhando com crianças pequenas

Como pai ou mãe, você pode aplicar o óleo para a emoção apropriada nos pontos de alarme da acupuntura e nos pontos emocionais, dizendo as emoções e a declaração. Isso é particularmente eficaz quando pai/mãe e filho estão trabalhando na mesma questão, pois as crianças muitas vezes agem e refletem o que está acontecendo inconscientemente para o pai/mãe.

O objetivo final é ensinar as crianças a transformar emoções negativas em expressões positivas. Uma das emoções mais comuns é a raiva, que geralmente surge quando uma criança não consegue o que quer. O óleo para a emoção da raiva é o *purificação*. O ponto de alarme do fígado mais fácil de acessar está nas mãos. A aplicação do óleo geralmente muda a raiva em minutos.

Para padrões mais teimosos ou profundamente arraigados, uma atividade física que não machuque ninguém, como levar a criança para fora com você e fazer algo físico, como chutar torrões de terra, transformará a raiva em riso. A chave é que ambos precisam se envolver em uma atividade física boba. Antes que você perceba, vocês dois estarão rindo.

Outra emoção comum para as crianças é a mágoa. O óleo é *paixão* e o outro lado é a criatividade. Para fornecer uma associação física, dê à criança um pedaço de papel colorido e incentive-a a rasgar uma forma do papel como uma bola, um sino ou uma flor. Mantenha as formas de papel em uma cesta onde possam ser revisadas. Isso mostra como as mágoas podem ser transformadas em criatividade, o que resulta em valer a pena—um passo importante na construção da autoestima.

Ajudando os outros

Quando as emoções vêm à tona, como a raiva, por exemplo, comece dizendo: "Estou sentindo raiva". Em seguida, inale o óleo *purificação*, e aplique-o em você. Diga o outro lado da emoção, o riso, e declare a "saída", "Minha direção é clara". Em seguida, ofereça-se para compartilhar o óleo com as pessoas ao seu redor. Independentemente do que eles escolherem fazer, a situação mudará.

Você pode estar ciente das emoções subjacentes que a pessoa que você está ajudando é incapaz de abordar por conta própria. Você pode usar o óleo associado à emoção em uma massagem nos pés ou na área do corpo onde está localizado o ponto de alarme. As emoções podem ser declaradas junto com a afirmação da "saída". Para melhorar ainda mais, o óleo relacionado à(s) emoção(ões) dominante(s) pode ser adicionado a um difusor e colocado ao lado da cama da pessoa.

DESCOBRINDO A EMOÇÃO

Existem inúmeras maneiras de identificar a(s) emoção(ões). Uma vez que elas estão inter-relacionadas, você pode usar qualquer uma ou várias porque haverá sobreposição. Use o ponto de entrada que é mais proeminente no momento.

1. Identifique a emoção.
    Vá para *Referência emocional* e encontre a emoção.

2. Determine a área de dor, pressão ou desconforto no corpo.
    Consulte os *Esquemas* para os pontos de alarme do corpo.
    E então vá para *Referência* para cada tipo de emoção.
    Em seguida, vá para *Referência emocional*.

3. Encontre o óleo. Você pode ter um perfume pelo qual é particularmente atraído.
    Vá para *Referência de óleos* e encontre a emoção que se relaciona com o que está acontecendo em sua vida.

4. Pontos reflexos no pé ou na orelha.
    Encontre o(s) ponto(s) sensível(s) e o ponto de alarme corporal ou emoção relacionado.

5. Tipo: determine seu tipo e consulte os principais problemas relacionados
    Selecione aquele(s) que tem a maior carga emocional.

6. Traços Dominantes—mostram as principais áreas de pontos fortes e desafios.
    Selecione o(s) que você gostaria de apoiar.

7. Comunique-se com seu corpo ouvindo o que ele tem a dizer através da meditação, ou perguntando através de métodos mais tangíveis, como radiestesia, teste muscular ou teste de movimento corporal.

DESCOBRINDO SEU TIPO FÍSICO

Seu tipo físico é determinado por sua glândula, órgão ou sistema dominante. Você nasce com ele, e seu tipo físico permanece constante ao longo de sua vida. É sua glândula dominante que determina onde você ganha peso, certas características físicas, os tipos de alimentos que você deseja quando sua energia está baixa e até traços de personalidade característicos que levam a problemas emocionais centrais. Pessoas com o mesmo tipo físico descobrem que encontram os mesmos problemas emocionais centrais na vida, e esses desafios apresentam a oportunidade de crescimento emocional e espiritual.

Existem 25 tipos físicos diferentes, cada um com seu próprio padrão alimentar e personalidade distinta. Seu perfil de personalidade literalmente condensa 20 anos de autodescoberta em 4 páginas. Inclui seus traços característicos, o que o motiva e como esses traços característicos se parecem quando expressos "na pior das hipóteses" e também "na melhor das hipóteses", que é o seu potencial comparado a você, não a outra pessoa. *Liberando padrões emocionais com óleos essenciais* foi escrito para fornecer um meio de transmutar as características de "na pior das hipóteses" para "na melhor das hipóteses".

Os 25 tipos corporais são divididos em 4 quadrantes com base em seus pontos de conexão. Pontos de conexão são os 2 traços dominantes que são inerentes ao seu ser. Você nasce com eles; eles são seus sistemas padrão, aqueles em que você confia quando está estressado. Seus traços dominantes serão **Mentais** ou **Emocionais**, como um ponto, e **Físicos** ou **Espirituais** como o outro. As páginas a seguir irão ajudá-lo a identificar seus 2 traços dominantes. Tendo identificado seus traços dominantes, você pode explorar os tipos de corpo que se enquadram em seu quadrante, conforme descrito nas páginas seguintes. Uma vez descoberto o seu tipo físico, você pode ir para as questões emocionais essenciais para o seu tipo. Embora todos tenhamos emoções, algumas delas são mais desafiadoras para nós do que outras. Você descobrirá que os principais problemas emocionais são aqueles que continuam atrapalhando você e estão na raiz de vários desafios e emoções que o limitam consistentemente.

Alguns tipos corporais têm traços dominantes tão próximos do centro que podem ser difíceis de distinguir. O gráfico abaixo compila os 25 tipos corporais em relação uns aos outros. Você notará que alguns, como Adrenal, Timo e Estômago, estão na borda externa do quadrante **Mental/Físico**. Esses tipos estão no lado extremo da polaridade **Mental/Física** e geralmente se relacionam facilmente com esses traços; enquanto o Sistema linfático, o Sistema nervoso e a Medula podem ter mais dificuldade em fazer a distinção. O objetivo é incorporar as partes não manifestadas de nós mesmos – neste caso, o lado **Emocional/Espiritual** – em nosso ser. Isso nos permite crescer, transformar e expressar mais nossa verdadeira natureza – nossa "na melhor das hipóteses". Também nos permite ser mais empáticos e compreensivos com os outros, assim como com nós mesmos. A razão pela qual atraímos outras pessoas de diferentes quadrantes para nossas vidas é aprender como é ver o mundo de uma perspectiva diferente e, em muitos casos, modificar, temperar ou suavizar nossos próprios pontos de vista mais rígidos.

QUADRANTES DE RELATIVIDADE DO TIPO FÍSICO

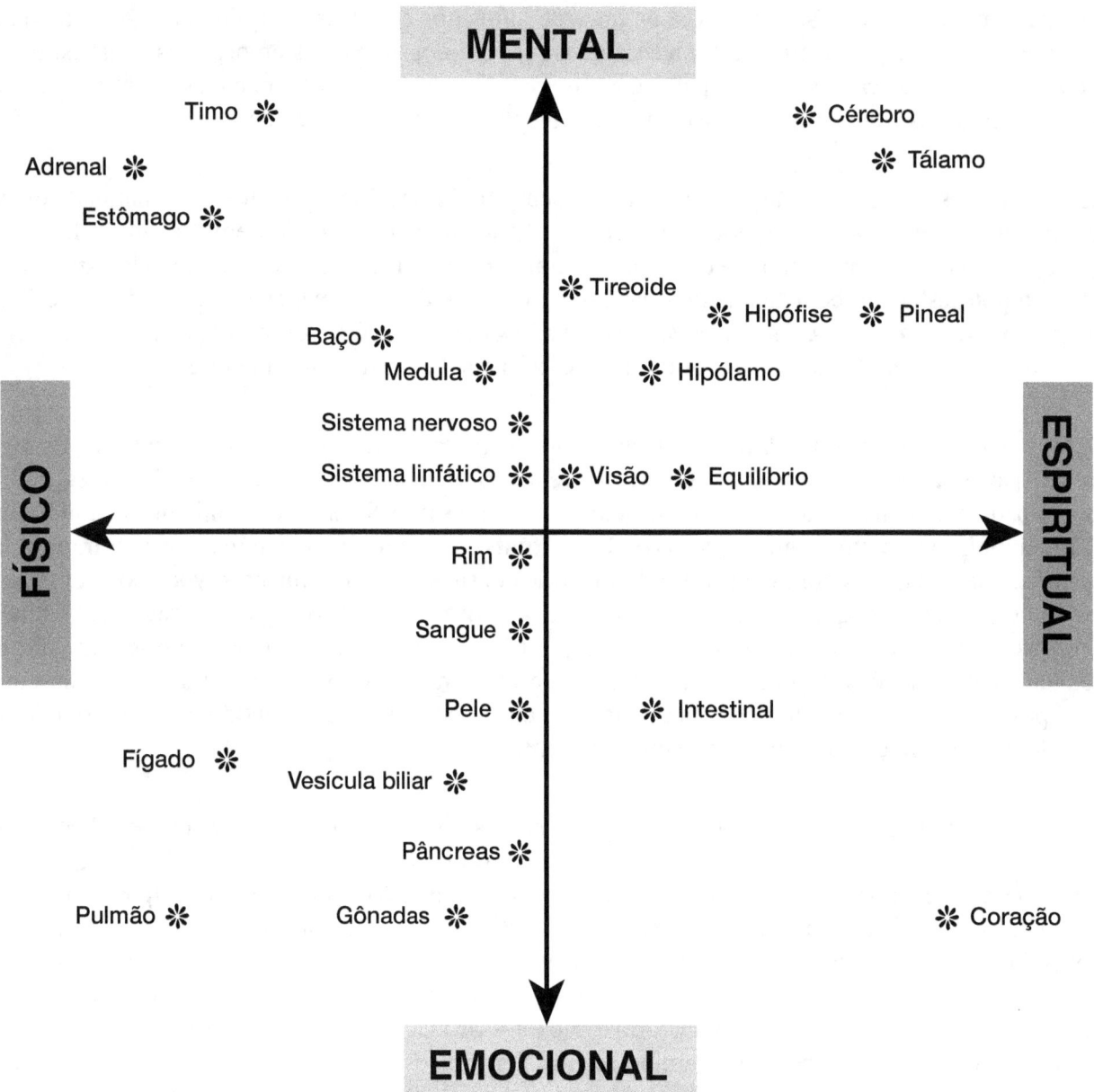

Para obter maior assistência para encontrar seu tipo físico e informações sobre dieta, acesse meu livro *Different Bodies, Different Diets*, ou meu site **www.bodytype.com**, onde você pode fazer o teste para determinar seu tipo físico.

PONTOS DE CONEXÃO

Conhecer seus traços dominantes ajudará a determinar quais óleos lhe serão mais benéficos. Traços dominantes são seus "pontos de conexão" e o levarão à sua maior área de desequilíbrio. Existem 4 traços: mental, emocional, físico e espiritual, dos quais dois serão mais fortes ou dominantes. Todo mundo tem uma conexão mais forte ou com sua mente (Mental), ou com seus sentimentos (Emocional). Haverá também uma conexão mais forte, entre o aspecto Espiritual-intuitivo, ou o aspecto Físico. Os mais fortes são os que parecem mais reais; são os que te fazem sentir-se mais confortável. Os dois restantes estão presentes em maior ou menor grau. O quão bem você os integrou determinará o quão familiar eles soam para você.

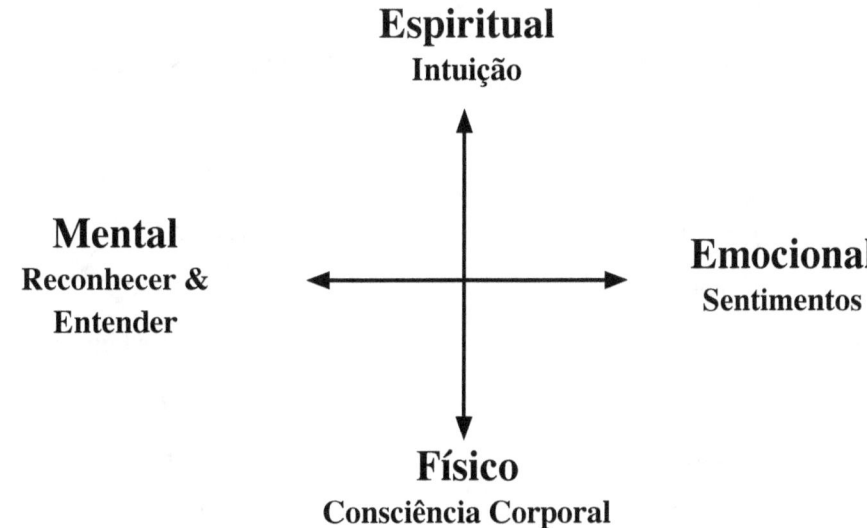

Combinações de traços dominantes

Você nasce com dois traços dominantes ou mais fortes. O desafio é fortalecer, integrar e equilibrar os outros dois com seus traços dominantes. Depois de identificar seus traços dominantes, observe como eles estão sendo expressos em sua vida. Existe um que é hiperativo e precisa ser relaxado, ou existe um fraco que precisa ser fortalecido? Um traço dominante pode ser hiperativo, o que significa que precisa ser relaxado, acalmado ou sedado. Às vezes, o traço complementar precisa ser fortalecido ou estimulado. As palavras e perguntas nas duas páginas seguintes estão incluídas para ajudá-lo a determinar seus traços dominantes ou "pontos de conexão".

"Pontos de conexão" são as áreas com as quais você mais se identifica. O objetivo é conectar e integrar os pontos opostos. Quanto mais você fizer para desenvolver seu traço recessivo, mais difícil será distinguir sua tendência mais forte. *Se você integrou seu lado oposto, recorde-se do tempo antes de tomar a decisão de desenvolver seu traço recessivo.*

Para determinar seus "pontos de conexão", olhe honestamente para si mesmo. Com as palavras e declarações, selecione o conjunto que se relaciona com sua natureza básica. *Responda de acordo com seus sentimentos, não com o que lhe foi ensinado.* Lembre-se, um não é melhor que o outro.

MENTAL vs. EMOCIONAL

Em que sentido você confia, mental ou emocional? Este é frequentemente o seu primeiro impulso, ou a sua influência mais forte. Quando confrontado com uma situação difícil, você confia mais em sua capacidade de pensar logicamente (mental) ou em sua "intuição" sobre como lidar com a situação (emocional)?

As palavras e afirmações abaixo são atributos de cada sentido. Escolha as que melhor refletem sua natureza ou tendências básicas.

Pensar	Sentir
Confiar na Mente	Confiar nos sentimentos
Lógica	Instinto
Foco	Deixe ser, deixe passar
Ao Ponto	Expansivo
Linear	Aleatório
Paz	Afetuoso e Alegre
Ambição	Compromisso
Paixão	Crença
Impulso	Ação
Minha resposta inicial é pensar primeiro, sentir depois.	Minha resposta inicial às situações é sinta primeiro, depois pense sobre isso.
Em casa, respondo melhor às solicitações e pedidos.	Em casa, respondo melhor solicitações pedidos diretos.
Eu costumo abordar meus sentimentos eos de outros de um ponto de vista analítico isolado.	Eu tendo a ficar imerso em sentimentos, tanto o meu quanto os dos outros.
Prefiro que as conversas sejam lógicas, ordenadas e não emocionais.	Eu prefiro conversas que discutam os problemas emocionalmente.
Meu sentido dominante é mental.	Meu sentido dominante é emocional.
MENTAL	**EMOCIONAL**

Você é mais Mental ou Emocional, ou Emocional que não demonstra sentimentos?

FÍSICO x. ESPIRITUAL

Você se relaciona ou se identifica mais com seu corpo ou seu espírito? Você é um espírito com um corpo ou um corpo com um espírito? Se você se identifica mais com seu corpo, sua realidade está intimamente associada ao seu corpo físico, força ou presença física. Se você se identifica mais com seu espírito, sua realidade é caracterizada pela intuição e uma cautela física. Pessoas com uma forte conexão espiritual geralmente abordam situações desconhecidas e experiências físicas com cautela, enquanto os físicos entram imediatamente.

Selecione as palavras pelas quais você mais se sente atraído e as afirmações que melhor descrevem suas tendências naturais.

Robusto	Frágil
Chão	Ar
Sólido	Delicado
Terra	Céu
Literal	Volátil
Científico	Mágico
Ancorado	Flutuante
Visível	Despercebido
Meio Ambiente	Universo
Pés no chão	Flexível
Tangível	Invisível
Manifestação	Ideia
Sensorial	Sensitivo
Preciso	Conceitual
Real	Intuitivo
Prefiro que a vida seja em ordem e para a frente	Eu prefiro que a vida flua de forma natural
Eu prefiro ouvir uma ideia nova várias vezes antes de tentar/experimentar	Gosto de experimentar novas ideias ou conceitos imediatamente.
Eu consigo ir dos detalhes para o quadro geral	Eu vou do Quadro geral aos detalhes.
Eu sou um corpo com um espírito.	Eu sou um espírito com um corpo.
FÍSICO	**ESPIRITUAL**

Seu traço dominante é físico ou espiritual? Selecione aquele que reflete a sua natureza básica da infância.

TRAÇOS DOMINANTES

Uma das maneiras de determinar seus problemas centrais é observar a emoção que se armazena na glândula, órgão ou sistema relacionado à sua glândula dominante ou tipo de corpo. Os 25 tipos de corpo[6] podem ser divididos em 4 quadrantes com base em seus traços dominantes.

FÍSICO / MENTAL
- Adrenal
- Sistema linfático
- Medula
- Sistema nervoso
- Baço
- Estômago
- Timo

ESPIRITUAL / MENTAL
- Equilíbrio
- Cérebro
- Olho
- Hipotálamo
- Pineal
- Hipófise
- Tálamo
- Tireoide

FÍSICO / EMOCIONAL
- Sangue
- Vesícula biliar
- Gônadas
- Rim
- Fígado
- Pulmão
- Pâncreas
- Pele

ESPIRITUAL / EMOCIONAL
- Coração
- Intestino

---

[6] *Corpos Diferentes, Dietas Diferentes com o 25 Tipo Físicos™, por Carolyn Mein, D.C 1998*

CARACTERÍSTICAS

DICA: Cada quadrante contém vários tipos de corpo. Alguns deles representarão o extremo dos traços, enquanto outros estarão muito próximos dos traços opostos, tornando difícil se sentir totalmente confiante em sua seleção. Por exemplo, enquanto ambos estão no quadrante Físico/Mental, os tipos Timo se relacionam fortemente com o Físico, enquanto os do Sistema linfático gravitam mais em direção ao Espiritual. O Sistema linfático ainda é Físico, pois usará a atividade física para se mover para um senso de unidade espiritual. À medida que você lê as características, a expressão do seu tipo ficará clara.

Expressões do Quadrante

FÍSICO/MENTAL
O mundo tangível é a realidade. Eles precisam ver, tocar e entender como funciona, para que seja real. Fisicamente fortes e mentalmente focados, eles podem alcançar tudo o que se propõem a fazer.

ESPIRITUAL/MENTAL
O ideal, ideais e conceitos são sua realidade. Descobrir como sintetizar pedaços de informação e percepções para se expressar em forma física para o bem da humanidade é sua força, tornando-os mais orientados para tarefas, em vez de focados para o social.

FÍSICO/EMOCIONAL
As emoções e a expressão física dos sentimentos são a sua realidade, pelas quais as relações familiares e sociais são a sua maior prioridade.

ESPIRITUAL/EMOCIONAL
Extremamente sensíveis nas características espirituais e emocionais, esses tipos geralmente aprendem a se concentrar nos traços físicos e mentais no início da vida para sobreviver. Seu poder está em usar seus pontos fortes.

O desafio e objetivo para todos é desenvolver e integrar os traços não dominantes ou outro lado. Para nos ajudar, atraímos pessoas cujos pontos fortes são diferentes dos nossos. Os traços em que você está trabalhando são os que você está desenvolvendo, e não os que você possui. Embora existam dois traços, um pode ser mais forte do que o outro, dependendo do seu foco de vida. Por exemplo, um homem com tipo Tireoide que se concentrou no aspecto mental de sua vida pode ter dificuldade em se identificar com o lado espiritual. Nesse caso, ele gostaria de desenvolver tanto suas características dominantes quanto as não dominantes. A expressão bloqueada ocorre mais frequentemente em torno das características espirituais e emocionais.

CARACTERÍSTICAS INDIVIDUAIS DE CADA TIPO FÍSICO

CARACTERÍSTICAS ADRENAIS
As características adrenais dominantes são a Física e a Mental. Não há prazer mais doce do que o sucesso – sucesso em todos os aspectos da vida. Para que seja real, o sucesso tem que ter uma expressão física, como carros, dinheiro, reconhecimento, aceitação, quanto maior melhor. O foco é mental, então as emoções são secundárias. É fácil ignorá-los ou suprimi-los, até que de repente há uma explosão emocional. O incidente desencadeante geralmente não está relacionado; uma vez que o discurso termina, o ar está limpo - sem ressentimentos, resíduos ou arrependimentos.

CARACTERÍSTICAS DE EQUILÍBRIO
As características dominantes de Equilíbrio são a Espiritual e a Mental. O tipo corporal equilibrado prospera na aventura e as pessoas são a maior aventura. Seu traço mental dominante fornece uma rapidez intelectual, enquanto o aspecto espiritual traz uma sensibilidade e compaixão para com os outros. Eles adoram estar no palco, pois o entretenimento é uma aventura criativa, expressiva e social.

CARACTERÍSTICAS SANGUÍNEAS
As características dominantes do Sangue são a Físico e a Mental. A harmonia é absolutamente essencial para os Tipos Corporais Sanguíneos. Eles se relacionam com o mundo através do sentimento. Então, eles estão constantemente conscientes de suas emoções e sua percepção dos estados emocionais dos outros. Precisar respeitar a si mesmo e ser respeitado pelos outros, limpar qualquer desarmonia, real ou percebida, é uma alta prioridade.

CARACTERÍSTICAS CEREBRAIS
As características dominantes do cérebro são a Espiritual e a Mental. Eles são mais felizes quando têm uma direção. Com um forte traço mental, coletar informações é fácil e seu lado espiritual intuitivo preenche as lacunas. Ter uma direção permite que eles se sintam seguros e lhes dá um propósito para levar o que eles coletaram para o mundo. Sair para o mundo os abre ao crescimento, expondo-os a experiências físicas e emocionais.

CARACTERÍSTICAS OCULARES
As características dominantes Oculares são a Espiritual e a mental. Os olhos precisam fazer a diferença para que suas vidas tenham sentido. Visionários, eles enxergam como as coisas poderiam ser, como são e o que precisa acontecer para fazer a mudança. Fazer a diferença na vida de outra pessoa é uma maneira eficaz de trazer sua visão para a realidade física. Seu aspecto espiritual sensível permite que observem sem julgamento e os torna conscientes do efeito que a simples liberação de emoções negativas tem nas pessoas. Com sua força sendo Mental, é fácil ignorar ou reprimir emoções desagradáveis, até o ponto de fechar sua visão se se sentirem sobrecarregados.

CARACTERÍSTICAS BILIARES
As características da Vesícula biliar são a Física e a Emocional. Embora emocional, as características das Biliares tendem a manter seus sentimentos para si mesmos e são mais satisfeitos quando podem expressar fisicamente seu amor por aqueles ao seu redor sendo úteis. A atividade física os ajuda a resolver as coisas e focar suas emoções. Sua grande força física se reflete em sua natureza confiável e consistente.

CARACTERÍSTICAS GONADAIS
As características dominantes são a Física e a Emocional. Ser brincalhão fornece o ambiente ideal para expressar toda a gama do lado positivo de suas emoções com aqueles que amam. Ser altamente verbal e sensível às emoções dos outros geralmente leva à sua própria volatilidade emocional. Os de características gonadais são motivados pela beleza, o que torna importante ter uma boa aparência, e pode até incluir uma imagem forte e orgulhosa. Sua força está em ver a beleza e trazer à tona a beleza dos outros. A verdadeira beleza interior é mais facilmente acessada quando se está sendo brincalhão e divertido.

CARACTERÍSTICAS CARDÍACAS
As características dominantes do Coração são a Espiritual e a Emocional. Altamente conscientes e sensíveis aos estados emocionais daqueles ao seu redor, os de características cardíacas se sentem melhor quando seu ambiente está em paz. A desarmonia os deixa tão desconfortáveis que eles farão ou dirão algo para mudar essa energia. Quando isso não for eficaz ou apropriado, eles se moverão fisicamente para fora do espaço e criarão um novo espaço, convidando outros a mover-se para sua energia.

CARACTERÍSTICAS DO HIPOTÁLAMO

As características dominantes do Hipotálamo são a Espiritual e a Mental. Um desafio fornece o foco necessário para o hipotálamo ir às profundezas, imergindo-se em um esforço que, em última análise, desenvolve outra característica de si mesmo para compartilhar com seu mundo. Sua forte mente analítica e intuição sensível permitem que eles se destaquem na criação de empresas, impérios financeiros ou um modo de vida para beneficiar primeiro a si mesmos e depois a humanidade.

CARACTERÍSTICAS INTESTINAIS

As características dominantes Intestinais são a Espiritual e a Emocional. A expansão é absolutamente essencial. Se os de características intestinais não se expandirem mental ou emocionalmente, eles o farão de maneira física. A restrição os motiva a mudar, forçando-os a sair de uma situação insustentável para um mundo físico e mental desconhecido. É aqui que eles podem se expandir genuinamente, levando novas experiências e criando um ambiente que é certamente paz na terra.

CARACTERÍSTICAS RENAIS

As características dominantes Renais são a Física e a Emocional. Os tipos Renais ficam mais felizes quando podem ser flexíveis – quando têm escolhas e podem explorar novas opções. Uma vez que eles tenham realizado algo e superado suas limitações percebidas, eles relaxam e desfrutam daqueles ao seu redor até que surja o próximo desafio. Para se sentir realizado, os desafios precisam ser diferentes e envolver as pessoas, permitindo maior flexibilidade e crescimento.

CARACTERÍSTICAS DO FÍGADO

As características dominantes do Fígado são a Física e a Emocional. Os tipo Fígado são excelentes professores. Emocionalmente baseados em apoiarem ou serem apoiados por pessoas ao seu redor, fornecem a motivação para aprender o que a vida apresenta. Os tipo Fígado se destacam quando unem a vida, juntando as coisas para que fluam, transmitindo a sabedoria adquirida de uma geração para a seguinte.

CARACTERÍSTICAS DO PULMÃO

As características dominantes do Pulmão são a Física e a Emocional. Nutrir, seja sendo nutrido ou nutrindo outra pessoa, proporciona aos Pulmões a maior sensação de realização. Emocionalmente sensível, a tendência é projetar uma casca externa dura, ou desligar e retrair quando se sente impotente ou inadequado. A necessidade de autoexpressão os motiva a acessar sua criatividade, que muitas vezes está ligada à música ou a formas físicas de nutrir aqueles ao seu redor.

CARACTERÍSTICAS LINFÁTICAS

Os traços dominantes Linfáticos são a Física e a Mental. A excitação mantém a linfa em movimento, ativa e viva. Sem estimulação física ou mental, eles ficam deprimidos, o que, por sua vez, traz à tona a dor emocional e os motiva a sair de seu estado deprimido. Mentalmente rápido e alerta, o aprendizado proporciona uma sensação de realização. Com base física, a saúde e a atratividade física são uma alta prioridade.

CARACTERÍSTICAS DA MEDULA

Os traços dominantes da medula são a Física e a Mental. Os tipo Medula prosperam quando são apreciados. Sua paciência e abordagem sistemática e lógica os tornam excelentes professores. A valorização de seus alunos os mantém motivados, enquanto seu forte foco mental e o medo do fracasso os mantêm constantemente alertas e atualizados em seu campo.

CARACTERÍSTICAS DO SISTEMA NERVOSO
As características dominantes do Sistema nervoso são a Física e a Mental. Nada proporciona uma sensação maior de satisfação do que ouvir os outros. Práticos e eficientes, eles se destacam quando usam suas fortes habilidades mentais para coletar informações e compartilhá-las com outras pessoas de acordo com suas necessidades e desejos, conectando pessoas com informações.

CARACTERÍSTICAS DO PÂNCREAS
As características dominantes do Pâncreas são a Física e a Mental. Os tipos Pâncreas são verdadeiramente realizados quando sentem alegria e podem compartilhar sua alegria com os outros. Sendo de base emocional, muitas vezes há um sentimento de insegurança quando se comparam com seus amigos de base mental, o que os motiva a desenvolver seu lado mental. No entanto, é a energia emocional que mantém uma organização funcionando e a alegria que a mantém girando.

CARACTERÍSTICAS PINEAIS
As características dominantes da Pineal são a Espiritual e Mental. Os Pineais precisam ter uma sensação de liberdade para se sentirem realizados. A liberdade final vem do aspecto espiritual e se manifesta como autorrealização. A intuição é uma expressão do Espiritual e um dos dons da autorrealização. Mentalmente rápido e alerta, o desafio é conectar-se com o coração e integrar as emoções. A verdadeira liberdade só é experimentada quando os padrões emocionais negativos ou autolimitantes são eliminados.

CARACTERÍSTICAS PITUITÁRIAS
As características dominantes pituitárias são a Espiritual e a Mental. A melhor experiência gratificante para os tipos Pituitários é sentir-se feliz. As crianças aprendem mais nos primeiros quatro anos de suas vidas do que o total de tudo que aprendeu depois. Com sua conexão espiritual dominante, os Pituitários são capazes de manter sua inocência de olhos arregalados e abertura infantil ao longo de suas vidas. Sua forte acuidade mental permite que eles peguem o que aprendem e usem para ajudar os outros, para que também possam se sentir felizes.

CARACTERÍSTICAS DA PELE
As características dominantes da Pele são a Física e a Emocional. Não há emoção maior do que a descoberta, e as descobertas mais emocionantes são aquelas que beneficiam emocionalmente a si mesmos e aos que os rodeiam. Sendo altamente visuais, os tipos Pele gostam de expressar suas descobertas de forma física e tangível, de preferência algo que seja bom. Sentindo agudamente as emoções dos outros, eles gostam de fazer os outros se sentirem bem e adoram ser tocados.

CARACTERÍSTICAS DO BAÇO
As características dominantes do Baço são a Física e a Mental. Eles são mais felizes quando estão se sentindo seguros. Sendo física, a segurança precisa ser tangível, como uma casa grande, dinheiro no banco, um projeto viável e/ou ter alguém fisicamente presente. Com seu forte foco mental, eles são excelentes organizadores e têm a tenacidade de ver que mesmo em grandes eventos se saem bem.

CARACTERÍSTICAS DO ESTÔMAGO
As características dominantes do Estômago são a Física e a Mental. Os tipos Estômago adoram um desafio – qualquer desafio serve, pois sua sensação final de satisfação vem da realização/execução. Seu forte foco mental e o poder físico por trás disso os torna extremamente apaixonados por qualquer desafio que esteja dentro de seu foco. Seu desejo de agradar abre a porta para a sensibilidade emocional. Conectar-se com seu lado espiritual os concentra em sua tremenda energia mental e física.

CARACTERÍSTICAS DO TÁLAMO

As características dominantes do Tálamo são a Espiritual e a Mental. O tipo Tálamo se sente completo ao ser, em vez de fazer. Sua maior satisfação vem de ser eficaz, ou valer a pena, tornando sua expressão mais interna do que externa. Com um forte senso mental, eles adoram coletar informações e arquivá-las para referência futura, então a pesquisa é uma segunda natureza para eles. Seu traço espiritual dominante se reflete em seu forte sentido auditivo, tornando-os altamente responsivos à música e sensíveis ao som.

CARACTERÍSTICAS DO TIMO

As características dominantes do Timo são a Física e a Mental. O tipo Timo se sente completo ao enfrentar um desafio pessoal. Sendo extremamente protetores, o desafio é muitas vezes iniciado pela dor física. Orientados física e mentalmente, eles podem ser bastante pragmáticos em sua abordagem da vida. O desafio é integrar os traços espirituais e emocionais, passando do julgamento ao amor incondicional e aceitação – perfeição nesta vida.

CARACTERÍSTICAS DA TIREOIDE

As características dominantes da tireoide são a Espiritual e a Mental. Para que uma atividade seja recompensadora, ela precisa valer a pena, ou seja, faz uma contribuição valiosa para alguém ou para a humanidade em geral. À vontade em suas mentes, as contribuições dos tipo Tireoide são pegar as informações que coletaram dos reinos espiritual e mental e expressá-las de maneiras que ajudem a humanidade. Ao preencher a lacuna entre a cabeça e o coração, eles expressam fisicamente o espiritual. Para cumprir seu destino, os de Tireoide precisam compartilhar suas descobertas.

O SISTEMA DOS 25 TIPOS FÍSICOS™

Existem 25 tipos físicos diferentes com necessidades nutricionais e de exercício únicas – e perfis de personalidade – conforme determinado pela glândula, órgão ou sistema dominantes do seu corpo.

Agora você pode determinar seu tipo físico usando o teste online encontrado no endereço abaixo:

www.bodytype.com

Selecione "Teste Feminino" ou "Teste Masculino"

QUESTÕES EMOCIONAIS PRINCIPAIS

Embora todos nós tenhamos todos os padrões emocionais, alguns desses padrões são mais um problema para alguns de nós, do que para outros. Cada tipo físico tem certas lições ou desafios que são caracteristicamente desafiadores para esse tipo. A lista a seguir são os problemas emocionais centrais mais comuns para cada tipo físico.

TIPO FÍSICO	EMOÇÃO	TIPO FÍSICO	EMOÇÃO
Adrenal	Conflito, Fracasso, Abandono, Encarar o mundo	Pulmão	Rejeição, Abandono, Teimosia
Equilíbrio	Controle, Rejeição, Vá se f----	Linfático	(Ser) Deixado para Trás, Identidade
Sangue	Desarmonia, Conflito, Esmagado, Prisão	Medula	Restrição, Falha
Cérebro	Abandono, Erro, Vício, Abuso, Controle, Inferioridade, Falha	Sistema nervoso	Vítima, Raiva, Controle, Vá se f----
Visão	Vá se f----, Sobrecarregado, Observar, Inútil	Pâncreas	Erro, Traição, Deixar para trás
Vesícula biliar	Passado (medo de repetir), Frustração, Ressentimento, Deixar para trás	Pineal	Controle, Desconhecido, Restrição
Gônada	Identidade, repressão, Não ser bom o suficiente	Pituitária	Solidão, Abandono, Sabedoria, Restrição
Coração	Solidão, Não ser bom o suficiente, Preocupação	Pele	Crítica, abandono
Hipotálamo	Vergonha, Medo, Traição	Baço	Culpa, Abandono, Errado
Intestinal	Abandono, Não ser bom o suficiente, Rejeição, Desespero, Crítica	Estômago	Abandono, Controle, Vítima, Conflito, Inferioridade, Teimosia
Rim	Amor, Medo, Incompreensão	Tálamo	Dependência, Falha
Fígado	Raiva do, Rejeição, Fracasso	Timo	Raiva, Fracasso, Perda, Abandono, Errado, Inferioridade
		Tireoide	Tristeza, Injustiça, Colocar para fora/falar, Fracasso, Incompreensão

QUATRO CARACTERÍSTICAS

Uma vez determinado se seu sentido dominante é mental ou emocional, você pode ver como ele está sendo expresso. Sua mente é muito rígida ou controladora, dominando seus outros sentidos? Nesse caso, *Peace & Calming[7] (Paz e Calma)* pode ajudar a relaxar sua mente. Você também pode usar o *Joy[7] (Alegria)* para aprimorar e apoiar suas emoções.

Você é muito emocional? *Sandalwood[7] (Sândalo)* ajuda a acalmar emoções hiperativas. *Clarity[7] (Clareza)* ajuda a apoiar a mente e trazer clareza mental.

Quanto melhor você entender os vários aspectos de si mesmo, mais fácil será aceitar a si mesmo, desenvolver e integrar seu outro lado. Conhecer seu tipo físico[8] e ler seu perfil psicológico fornecerá mais percepções. O perfil de tipo físico[8] foi projetado para fornecer um guia prático e conciso para entender suas características básicas, motivação e as melhores maneiras de expressar seus pontos fortes. Determinar seus dois traços dominantes permitirá que você determine seu tipo físico e os principais problemas emocionais relacionados.

As quatro características – física, emocional, mental e espiritual – representam nossos quatro tipos físicos. Desequilíbrio em qualquer área é o resultado da energia sendo

    muito alta — hiperativa, hiper ou

    muito baixa — sub ativa, exausta ou esgotada.

A harmonia é um estado de equilíbrio. O equilíbrio pode ser alcançado determinando

    qual sistema está desequilibrado ou estressado

    e se é mais ou menos ativo

Os seguintes óleos geralmente são altamente eficazes. Você vai querer selecionar o óleo que irá equilibrar a área que precisa de mais atenção.

---

[7] *Misturas de Óleos, por Young Living Essential Oils™*
[8] *Corpos Diferentes, Dietas Diferentes com o 25 Tipos Físicos™, por Carolyn Mein*

HARMONIZANDO EMOÇÕES

FÍSICO
- **Valor** aumenta a força física. Aplique nos pés.

  A tensão física é devido ao corpo físico estar hiperativo e este óleo ajuda a liberar o foco físico.

  Para benefício adicional: faça 2 pessoas aplicarem o óleo com 1 pessoa nos pés e a outra nos ombros, aplicando o óleo em C7 e na parte superior dos ombros (pontos nervosos).

- **Imunidade** ajuda a auxiliar o sistema imunológico e é especialmente útil quando há uma doença física.

EMOCIONAL
- **Joy (Alegria)** ajuda a transformar a depressão em um estado positivo.

  Traz qualidades emocionais positivas e é benéfico para eliminar a ansiedade e a dor e a tristeza.

- **Sandalwood (Sândalo)** ajuda quando as emoções são hiperativas. Aplique nos dedões dos pés, têmporas e base da coluna.
- **SARA** ajuda a limpar o trauma emocional, permitindo que a pessoa passe da turbulência emocional para a clareza mental.

MENTAL
- **Clarity (Clareza)** ajuda quando há falta de clareza mental ou o cérebro está pouco ativo.
- **Peace & Calming (Paz e Calma)** é usado quando o aspecto mental se torna hiperativo.

ESPIRITUAL
- **O Incenso** estimula e eleva a mente.
- **Rosa** aumenta o foco espiritual.
- **White Angelica (Angélica Branca)** é particularmente boa para proteção.
- **Awaken (Despertar)** equilibra os estados mentais e desperta o conhecimento interior.
- **3 Wise Men (3 Reis Magos)** promove base e libera traumas profundos.

LIMPEZA E MANUTENÇÃO DO SEU CAMPO ENERGÉTICO

Sal marinho

Se você é uma pessoa sensível, trabalha ou convive com muitas pessoas, há uma tendência de "pegar" energia dos outros e mantê-la em seu campo de energia. Adicionar sal marinho ao banho ou usá-lo como sabonete no chuveiro limpa o corpo emocional. Ao usar o sal no banho, guarde-o em um copo plástico, molhe-o e aplique o sal como sabão principalmente no peito e no plexo solar. Ele remove as células mortas deixando sua pele macia. Use o sal marinho simples encontrado a granel em lojas de alimentos saudáveis. As duas áreas a serem enfatizadas são o plexo solar e o tórax. Usar sal marinho é particularmente útil quando uma pessoa está passando por sua própria liberação emocional ou está perto de outra pessoa que está, e para muitos, isso geralmente acontece na maioria das vezes.

Óleos essenciais

A mistura de óleo de *White Angelica (Angélica Branca)* também pode ser usada para limpar seu campo energético ou aura, além de servir como proteção contra bombardeios de energias negativas.

Para limpar seu campo de energia, coloque uma ou duas gotas de *White Angelica (Angélica Branca)* na palma da mão. Esfregue as mãos três vezes no sentido horário para ativá-lo. Junte as pontas dos dedos acima da cabeça. Em seguida, abaixe as mãos ao longo dos lados do corpo. Você também pode querer passar as mãos pela frente e por trás do corpo. Como seu campo de energia é maior que seu corpo físico, manter as mãos a vários centímetros de distância do corpo permite que você limpe rapidamente seu campo de energia.

A *White Angelica (Angélica Branca)* pode ser colocada no topo da cabeça, esterno (osso do peito), topo dos ombros e parte de trás da cabeça perto do pescoço como proteção quando você estiver entrando em uma sala cheia de pessoas. Se você é particularmente sensível às energias de outras pessoas, usar a *White Angelica (Angélica Branca)* pode impedir que você pegue essas energias emocionais e leve essas energias para casa com você.

Isso é particularmente útil para permitir que você mantenha sua própria energia e evitar que você seja drenado quando estiver no trabalho, em uma aula ou em uma reunião corporativa exigente.

Limpar seu campo de energia com *White Angelica (Angélica Branca)* pode ser facilmente compartilhado com sua equipe de escritório. É rápido e geralmente produz mudanças positivas imediatas, perceptíveis, especialmente em indivíduos sensíveis.

Peace and Calming (Paz e Calma) é um excelente óleo para usar nos pulsos e na parte superior dos ombros (assim como as formas listadas acima) quando alguém está chateado ou agitado. É excepcionalmente eficaz para bebês chorando, crianças pequenas e animais.

Centro e equilíbrio

Ken Page, em seu livro, **The Way It Works,** descreve uma técnica simples de limpeza que permite que você centralize e equilibre sua energia. Essa técnica leva menos de 30 segundos e, idealmente, deve ser feita quando você está sozinho três ou mais vezes ao dia, em total privacidade, onde basicamente você não tem mais nada a fazer além de ficar. Para muitos de nós, a única vez que isso ocorre é quando estamos no banheiro.

"Esteja você sentado ou em pé, faça o seguinte: usando sua intenção e foco, levante as mãos sobre a cabeça e, enquanto se relaxa, simplesmente pense 'claro'. Ao pensar em 'clareza', traga as mãos para baixo na linha média frontal do seu corpo. Em seguida, traga-se para o seu próprio espaço. Faça isso simplesmente puxando-se para dentro, apenas usando sua intenção e foco conscientes. Uma maneira muito fácil de fazer isso é estender os braços para fora de seu corpo e concentre-se no pensamento de que agora você vai se puxar para dentro. Para trazer seu campo energético para dentro, mova lentamente seus braços estendidos em direção ao seu corpo. Termine descansando as mãos sobre o plexo solar. Agora tire mais 5 a 10 segundos para estar no seu espaço, estar no momento e amar a si mesmo."[9]

Manutenção

Para determinar quais os óleos usar, você pode querer sintonizar a energia do dia. Existe algum aspecto que precisa ser apoiado ou aprimorado? Você pode verificar como está se sentindo para determinar se precisa de mais suporte em uma área. Depois de você estar ciente de suas emoções, provavelmente suas escolhas virão das Quatro Características.

---

[9] *The Way It Works*, p.28, por Ken Page, 1997

GUIA PARA AS REFERÊNCIAS

Referência emocional
O lugar mais fácil para se começar é ir para a emoção que você está mais ciente ou está sentindo atualmente.

Embora a maioria das emoções listadas seja negativa, existem algumas que são positivas. Obviamente, queremos limpar o negativo e aumentar as emoções positivas. Quando há uma emoção positiva listada, como o amor, refere-se à emoção negativa em torno do amor, como o medo de não ser amado ou ser amado. Também pode se relacionar com o medo de amar. Os óleos são adaptógenos, ou seja, têm a capacidade de equilibrar a emoção, seja ela hiper ou hipoativa.

Referência dos óleos
Após identificar uma emoção específica, você pode querer trabalhar com emoções relacionadas. Muitas vezes há uma relação entre as emoções que requerem o mesmo óleo. Você pode se sentir atraído por um óleo específico e querer conhecer a emoção associada a ele.

Referência do corpo
Olhe para baixo na lista até encontrar o órgão, glândula ou sistema que está estressado ou onde você sabe que tem dificuldade. Agora que você encontrou a emoção correspondente, volte-se para a Referência Emocional.

Uma maneira de localizar emoções semelhantes às que você está experimentando é procurar outros órgãos ou sistemas relacionados. Por exemplo, os ouvidos estão associados à audição, as trompas de Eustáquio ao medo de ouvir a verdade e o ouvido externo ao medo da incongruência. Estes podem ser acessados por órgãos relacionados através da Referência Corporal, da Referência do Ponto de Alarme Corporal pela localização física dos órgãos, ou através da Referência Emocional por emoções relacionadas.

Localização dos pontos de alarme corporal
Você pode não estar ciente de nenhuma emoção, mas sente dor ou desconforto em seu corpo. Vá para os gráficos, localize a dor e consulte a Referência Corporal para a emoção associada.

Você pode trabalhar em várias emoções simultaneamente ou dar a si mesmo mais tempo para processar tudo isso. Ao trabalhar com um problema crônico, a frequência de uso e a área de aplicação podem mudar. Você vai querer estar ciente quando seu corpo mudar. Maneiras simples de se comunicar com seu corpo são através do uso de testes musculares. O teste muscular é explicado no último capítulo.

Você pode usar os óleos para limpar padrões emocionais específicos ou usá-los simplesmente conforme necessário. Depois de limpar um padrão, você pode ser atraído para uma "atualização" periódica. Você pode usar apenas os óleos pelos quais é atraído com frequência variando de apenas uma vez a vários usos durante um longo período de tempo. A frequência pode variar de um dia para o outro, assim como a necessidade de óleos diferentes para emoções relacionadas associadas ao mesmo sintoma.

Referências

REFERÊNCIA EMOCIONAL

As emoções, o outro lado da emoção e a lição ou "saída"

Liberar um padrão emocional que limite você exige entender o problema e como ele está afetando sua vida. Em outras palavras, entender por que você está enfrentando este problema, a experiência que você poderia ter em vez dessa e o que você precisa fazer para mudar. Alterar um padrão é como apagar um sulco: quanto mais profundo ele for, mais tempo você demorará para apagá-lo. Para algumas emoções, pode bastar apenas tomar consciência para liberá-las. Outras, com raízes mais profundas, precisarão de mais tempo e atenção. Todas as emoções incômodas são baseadas no medo. A lista de emoções a seguir consiste de sentimentos negativos ou do medo de não experimentar um sentimento positivo como o amor, ou seja, o medo de não ser ou não poder ser amado. Também pode ser o medo de amar.

EMOÇÃO	LADO POSITIVO	SAÍDA	ÓLEO	PONTO DE ALARME	DIAGRAMA
DESAMPARO, MEDO DO	Amparo	*Eu abraço todas as experiências da vida*	Lavender	Intestino delgado	E,F,G,H
ABUNDÂNCIA	Escassez	*Estou alinhado com o fluxo universal*	Abundance	Pomo-de-adão	A,C
ABUSO (TODOS/QUALQUER)	Cuidado	*Eu mereço ser amado*	SARA	Memória celular	D,H
ACEITAÇÃO	Rejeição	*Eu posso ser aceito*	SARA	Ponto emocional	A
VÍCIO	Liberdade	*Eu sou querido e posso ser amado*	Peace & Calming	Cérebro	A,B,E,G,H
EXAUSTÃO DA SUPRARRENAL	Força	*Eu sou completo*	Nutmeg ou En-R-Gee	Suprarrenal	D,G,H
AGRESSIVIDADE	Respeito	*Eu amo*	Valor ou Valor II	Córtex suprarrenal	D
AGITAÇÃO	Tranquilidade	*Eu estou centrado*	Rosewood ou Tea Tree	Pressão sanguínea	E
SOZINHO, ESTAR	Estar unido	*Estar todo aqui*	Purification	Estafilococo	B
SOLIDÃO	Aceitação de tudo que existe	*Eu abraço*	Aroma Life	Proteção cardíaca	D
ALHEADO, ESTAR	Engajamento	*Eu me conecto à fonte*	Northern Lights Black Spruce	Proteção cardíaca	D
AMBIVALÊNCIA	Engajamento	*Eu me importo*	Celery Seed ou Juva Cleanse	Hipocampo	A,C
RAIVA	Riso	*Minha direção é clara*	Purification	Fígado	C,D,G,H

Óleos Essenciais

EMOÇÃO	LADO POSITIVO	SAÍDA	ÓLEO	PONTO DE ALARME	DIAGRAMA
ANGÚSTIA	Êxtase	*Estou disposto a aceitar a verdade*	Palo Santo	Coração	B,G,H
ANIQUILAÇÃO	Ver Obliteração				
ABORRECIMENTO	Felicidade	*Eu relaxo*	Highest Potential	Coragem	E
ANSIEDADE	Confiança	*Paz, estar imóvel*	Joy	Capilares	D
APATIA	Entusiasmo	*Estou alerta*	Brain Power	Hipocampo	A,C
APROVAÇÃO	Ver Rejeição				
DISCUTIR, VONTADE DE	Paz	*Eu sou justo*	Peace & Calming	Tireóide	A,C,G,H
ARROGÂNCIA	Ver Desconhecido				
APEGO	Conexão	*Eu tenho a visão*	Envision	Visão	B,F
ATAQUE (PSÍQUICO)	Harmonia	*Eu estou centrado*	Northern Lights Black Spruce ou Idaho Blue Spruce	Filtro	B,F
AUTORIDADE (REBELAR-SE CONTRA OU RESSENTIR-SE DA)	Clareza	*Eu vejo com clareza*	JuvaFlex ou Birch	Ossos	F
MAL, SENTIR-SE	Mudança	*Eu estou criando*	Gathering	Rins	D,G,H
EQUILÍBRIO	Ver Controle				
PERTENCIMENTO, NÃO	Ver Não pertencimento				
AUTOPUNIÇÃO	Ver Punição				
DIMINUÍDO, SENTIR-SE	Reconhecimento	*Eu me vejo*	Lime	Visão	B
REPREENSÃO	Apoio	*Eu sou forte*	Davana	Tireóide	A,C,G,H
MELHOR QUE, PIOR QUE	Ver Inferioridade e/ou Não-merecimento, Menor que				
TRAIÇÃO, MEDO DE	Confiança	*Eu tenho coragem de aceitar a verdade*	Forgiveness	Pâncreas	C,G,H
AMARGURA	Conexão	*Eu aceito minhas peculiaridades*	Forgiveness	Vesícula Biliar	C,G,H

EMOÇÃO	LADO POSITIVO	SAÍDA	ÓLEO	PONTO DE ALARME	DIAGRAMA
BURACO NEGRO, ESTAR EM UM	Clareza	Eu estou cercado e protegido	Pepper, Black	Porção mastoide do osso temporal	B
CULPA	Equilíbrio	Eu entendo	JuvaFlex	Tóxico	E
CEGUEIRA	Iluminação	Eu respiro com certeza	Hope	Linfa ocular	A
FLANCO ABERTO	Estar alerta	Eu estou alerta	Rosewood ou Tea Tree	Porção mastoide do osso temporal	B
AMARRAS, MEDO DE	Liberdade	Eu gosto de quem sou	Eucalyptus Globulus	Parótida	B
TÉDIO	Direção	Eu estou em alinhamento	Grounding	Parasitas	D
LIMITES, AUSÊNCIA DE	Ver Respeito, falta de ou Desprezo				
CONFUSÃO MENTAL	União	Eu me componho	Brain Power ou GeneYus	Céu da boca (palato)	
INTIMIDAÇÃO	Força	Eu defendo minha posição	Celebration	Plexo solar	D,G
NÃO PODER	Poder	Eu aceito tudo que sou	Transformation	Vírus	D,E,H
MEMÓRIA CELULAR, ESVAZIAR	Liberdade	Eu me liberto do passado	Inner Child	DNA	B
CAOS	Ver Obliteração				
MUDANÇAS, RESISTIR A	Firmeza	Eu aprendo com todas as experiências da vida	Present Time	Reto	E,G
ENGANADO, SER	Ver Privação				
SUFOCAMENTO	Empoderamento	Eu estou renovado e alinhado	Longevity	Vibração	D
CLAUSTROFOBIA	Ver Confinamento				
CO-DEPENDÊNCIA	Interdependência	A vida me apoia	Royal Hawaiian Sandalwood ou Sandalwood	Integração emocional	A,B,E
COMPROMETIMENTO	Manifestação	Eu estou livre	Transformation	Ego	E
COMPETITIVIDADE	Crescimento	Eu sou ótimo no que faço	Dream Catcher	Válvulas linfáticas	C
COMPLACÊNCIA	Responsabilidade	Eu transformo	Exodus II	Magia	C

Óleos Essenciais

EMOÇÃO	LADO POSITIVO	SAÍDA	ÓLEO	PONTO DE ALARME	DIAGRAMA
COMPLETO, MEDO DE ESTAR	Desenvolvimento	Eu sou consciente	Oregano ou Marjoram	Fontanela anterior	B
CONCESSÕES, FAZER (AUTO)	Verdade	Eu expresso a verdade	Sacred Mountain	Alma	B,F
PRESUNÇÃO	Brandura	Eu sei quem eu sou	Cedarwood	Hipotálamo e sexto chacra	A,E
CONFINAMENTO	Liberdade	Eu me permito ver	Envision	Intuitivo	E
CONFLITO, MEDO DE	Paz	Eu estou em paz	Valor ou Valor II	Córtex suprarrenal	D
CONFRONTO	Ver Conflito				
CONFUSÃO	Foco	Eu estou centrado e focado	Magnify Your Purpose	Integração em L3	F
INTERDIMENSIONAL, CONEXÃO	Inteiramente	Eu estou completo	Awaken	Porta sacral	F
CONEXÃO	Ver Isolamento				
CONSCIÊNCIA VARIÁVEL	Assumir responsabilidade pessoal	Eu estou mudando	Laurus Nobilis ou White Angelica	Aorta	A,C
CONSEQUÊNCIAS	Ver Culpa				
DESPREZO	Respeito	Eu honro	Galbanum ou Gratitude	Válvula ileocecal	A,E,G
CONTROLAR ATACANDO	Flexibilidade	Eu estou seguro	Common Sense	Íleo	E
CONTROLE, MEDO DE PERDER	Equilíbrio	Eu estou satisfeito e abençoado	Peace & Calming	Estômago	C,E,G,H
LIDAR, INCAPACIDADE DE	Viver	Eu venho da minha força	Valor ou Valor II	Glóbulos brancos	F
CRISE	Alívio	Eu sou guiado divinamente	White Angelica	Esôfago	E,G
CRÍTICA	Amor incondicional e aceitação	Eu recebo	Lavender	Pele	F
CRUELDADE	Gentileza	Eu entendo	Stress Away	Fungos/umbigo	C,D
ESMAGADO, SENTIR-SE	Expandido	Eu me levanto	Harmony	Sangue	C
CINISMO	Entendimento	Eu aceito a verdade	Transformation	Intestino delgado	E,F,G,H
MORRER/VIVER, MEDO DE	Viver	Eu sou um sucesso	Helichrysum	Artérias	B,D

EMOÇÃO	LADO POSITIVO	SAÍDA	ÓLEO	PONTO DE ALARME	DIAGRAMA
ENGANADO, SENTIR-SE	Visão	*Eu vejo claramente*	Ravensara ou Ravintsara	Olhos/lobo occipital	B,F
DERROTADO, SENTIR-SE	Sentir-se honrado	*A vida me apoia*	Tsuga	Sistema nervoso central/linfático	A,B,C
INDEFESO, SENTIR-SE	Poderoso	*Eu sou poderoso*	Goldenrod	Córtex suprarrenal	D
DEFENSIVO, ESTAR	Receptivo	*Eu estou aberto*	Valor ou Valor II	Estômago	C,E,G,H
DESAFIADOR, SER	Ver "Vai se F—"				
DEGRADAÇÃO	Cuidado	*Eu me imponho*	Pine	Glóbulos Brancos	F
ABATIMENTO	Espontaneidade (alegria)	*Eu liberto limitação*	Release	Pleura	C
NEGAÇÃO	Aceitação	*Eu tomo conhecimento*	Endoflex	Visão	B
DEPENDÊNCIA, MEDO DA	Liberdade	*Eu sou autossuficiente*	Peppermint	Tálamo	A,B,E
DEPENDÊNCIA	Firmeza	*Eu sou determinado*	Cassia	Vontade em C5	B
ESGOTAMENTO	Rejuvenescido	*Eu cuido de mim*	RC	Congestão linfática	C
*DEPRESSÃO	Estar vivo	*Eu sou grato por estar vivo*	Peace & Calming	Depressão	B,F
PRIVAÇÃO	Satisfação	*Eu estou satisfeito*	JuvaFlex ou Birch	Articulações e cartilagens	E
DESCARRILADO/NO LIMBO	Confiança	*Eu sou guiado divinamente*	Palo Santo	Terceiro olho	A,E
DESERÇÃO	Orientação interna	*Eu estou totalmente conectado*	Inner Child	RNA	B
MERECIMENTO	Ver Culpa				
DESESPERO	Dignidade	*Eu estou aberto a ser guiado*	3 Wise Men	Diafragma	C,G
*DISTANCIAMENTO, MEDO DO	Estar bem sustentado	*Eu consigo ficar de pé sozinho*	Lemon	Espinha	B,F,H
DEVASTADO	Ver Não ser bom o bastante				

*Depressão é frequentemente repressão, procurar por emoções subjacentes

*Distanciamento — refere-se a não estar conectado com sua força interior; Apoio — estar sustentado por um Poder Maior; Eu consigo ficar sozinho — distanciando a ilusão de que o mundo exterior sustenta você

Óleos Essenciais

EMOÇÃO	LADO POSITIVO	SAÍDA	ÓLEO	PONTO DE ALARME	DIAGRAMA
DESPROVIMENTO	Ver Confusão				
DESORIENTAÇÃO DIABÓLICA	Proteção divina	Eu estou protegido divinamente	Elemi	Terceiro olho	A,E
DIFERENTE	Real	Eu abraço a consciência	Thieves	Bolor	D
DIFICULDADE	Conhecer	Eu me movo com a vida	Legacy ou Myrrh	Espinha ilíaca superior posterior	F
DIREÇÃO (FALTA DE)	Ver Procrastinação				
DECEPÇÃO	Liberdade	Eu confio na minha visão	Joy	Brônquios	C,G
DESAPROVAÇÃO	Aprovação	Eu me aceito	Acceptance	Intestino grosso	D,G,H
DESASSOCIAÇÃO	Integração	Eu estou conectado	German Chamomile	Alma (C2)	B,F
DESCARTADO	Ver Desamparo				
DISCERNIMENTO	Ver Julgamento				
DESCONCERTAMENTO	Ver Obliteração				
DESCONFORTO	Conforto	Eu estou curado	Raven	Seios nasais	A,E,G,H
DESCONECTADO	Seguro	Eu estou conectado	Marjoram	Umbigo/fungos	C,D
DESENCORAJAMENTO	Inspiração	Eu recebo	Australian Kuranya	Fluido cerebral espinhal (GV-19)	B
DESEMPODERAMENTO	Respeito	Eu sou verdadeiro comigo	Melaleuca Ericifolia (Rosalina) ou Tea Tree	C1	B,F
FALTA DE PODER	Ver Feitiçaria				
ASCO	Empoderamento	Eu vejo o propósito	Australian Blue	Brônquios	C,G
DESARMONIA	Equilíbrio	Eu estou centrado	White Angelica	Paratireóide	A,B,D,G,H
DESONESTIDADE	Honestidade	Eu sou verdadeiro comigo	Believe	Baço	D,G,H

EMOÇÃO	LADO POSITIVO	SAÍDA	ÓLEO	PONTO DE ALARME	DIAGRAMA
DESILUSÃO	Substância	Eu vejo a realidade	Di Gize ou Di Tone	Apêndice	D,H
DESINTEGRAÇÃO	Unidade	Eu sou inteiro	Rose	Vírus	D,E,H
REPUDIADO, SER	Ver Escravidão				
DISRESPEITO	Respeito	Eu estou livre da insegurança	Cypress	Veias	D
INSATISFAÇÃO	Gratidão	Eu abro meu coração	Ledum	Magia	C
DISTORÇÃO	Inocência	Eu estou livre para deixar a vida se desenrolar	Inner Child Innocence		A,B
DESCONFORTO	Gratidão	Eu aceito	Grapefruit	Miocárdio	D
DESCONFIANÇA	Integridade	Eu honro a verdade	Forgiveness	Útero/Próstata	C
DESUNIÃO	Respeito	Eu tenho compaixão (comigo e com os outros)	Highest Potential	Intestino Delgado	E,F,G,H
TONTURA (OU VERTIGEM*)	Direcionamento	Eu recupero meu movimento	Frankincense	Ouvido Médio	B
DOMINÂNCIA OU DOMÍNIO	Ver Controle				
NÃO PERTENCIMENTO	Acceptance	Eu me valorizo	Acceptance	Plexo solar	D,G
NÃO SABER AONDE IR	Ver Desespero				
NÃO QUERER	Ver Rebelião				
NÃO QUERER SENTIR FALTA DE NADA	Ver Abandono e/ou Privação e/ou Deixado para Trás				
CONDENADO	Libertado	Eu perdoo	Exodus II	Plexo solar	D,G
DÚVIDA	Ver Sobrevivência				
SUGADO	Completo	Eu estou aberto para a fonte	Ylang-Ylang	Miocárdio	D

Óleos Essenciais

EMOÇÃO	LADO POSITIVO	SAÍDA	ÓLEO	PONTO DE ALARME	DIAGRAMA
PAVOR	Paixão	*Eu abraço minha essência*	Live with Passion ou Royal Hawaiian Sandalwood ou Sandalwood	Artérias	B,D
CONSTRANGIDO	Aceitação	*Eu não estou sozinho*	Acceptance	Hipotálamo	A,E
CONSTRANGI-MENTO	Ver Não ser bom o bastante				
LIMITES EMOCIONAIS	Ver Autocomprometimento				
SEQUESTRO EMOCIONAL	Ver Manipulação				
EMOÇÕES, MEDO DE	Sentimento	*Eu deixo ir e permito*	PanAway	Fáscias	E,H
EMOÇÕES, SUPRIMIR OU REPRIMIR	Proteção	*É seguro lembrar*	Eucalyptus Blue	Olhos/lobo occipital	B,F
EMOÇÕES, ENGOLIR	Movimento	*Eu aumento minha percepção*	Hyssop	Epiglote	A,B,D
VAZIO, SENTI-MENTO DE	Completo	*Eu estou completo*	Lemon	Peito	D,E
ENGOLFADO, SENTIR-SE	Ver Identidade				
ESCRAVIDÃO	Libertação	*Eu estou livre*	Gathering	Meninges	B,F
DIREITO, SENTIR-SE NO	Respeito	*Eu tenho compaixão*	Lemon	Paratireóide	A,B,D,G,H
INVEJA	Ver Falta				
ENERGIA INCONSTANTE	Harmonia	*Eu estou centrado*	Inner Child	Duodeno	E
FUGA	Aceitação	*Eu supero*	Higher Unity Blend	Córtex suprarrenal	D
ROMPIDO COM AS PESSOAS	Conexão	*Eu estou aberto*	Spikenard ou Melissa	Miocárdio	D
EXAUSTÃO	Energia	*Eu me nutro*	PanAway	Músculos	F
EXPANSÃO	Contração	*Eu permito mudanças*	Awaken	Integração da Alma	B

EMOÇÃO	LADO POSITIVO	SAÍDA	ÓLEO	PONTO DE ALARME	DIAGRAMA
EXPECTATIVAS	Apreciação	*Eu estou completo por dentro*	SARA	Bexiga Segundo Chacra	C,E,G,H
"VÁ SE F—"	Desapego	*Eu permaneço em meu poder*	Frankincense	Ego	E,H
ENCARAR O MUNDO, MEDO DE	Abraçar o mundo	*Eu estou seguro*	Myrrh	Suprarrenais	D,G,H
FRACASSO	Desdobramento	*Eu aceito o crescimento*	Peppermint	Timo	A,C
FÉ, FALTA DE	Conhecimento	*Eu estou conectado ao Espírito*	Sacred Sandalwood ou Sandalwood	Terceiro Olho	A,E
FADIGA	Motivação	*Eu estou alinhado*	Inspiration	Força vital	F
MEDO	Consciência/ fé (Encarar as coisas)	*Eu encaro o desconhecido*	Royal Hawaiian, Sandalwood ou Sandalwood	Terceiro Olho	A,E
ATRAPALHADO, FICAR	Presente	*Eu estou presente*	Present time	Periósteo	H
FOCO, FALTA DE	Ver Confusão				
ASSUSTADO, ESTAR	Estar em paz	*Eu escuto*	RutaVaLa	Ego	E,H
PARALISADO, FICAR	Vitalidade	*Eu me movimento com facilidade*	Eucalyptus Blue	Bexiga	C,E,G,H
FRUSTRAÇÃO	Realização pessoal	*Eu me movo além das minhas expectativas*	Lemon	Duto biliar omum	C,H
COMPLETO	Ver Incompleto				
VÃO, ESFORÇAR-SE EM	Ver Sem Forças				
FUTURO	Ver Desconhecido				
ACERTO DE CONTAS	Sucesso	*Eu expresso meu potencial*	Highest Potential	Tireóide	A,C,G,H
DESISTIR – OU QUAL O SENTIDO? OU PASSAR POR EMOÇÕES OU NINGUÉM LIGA	Ver Não ser bom o bastante e/ou Desimportante				

Óleos Essenciais

EMOÇÃO	LADO POSITIVO	SAÍDA	ÓLEO	PONTO DE ALARME	DIAGRAMA
ENTREGAR SUA FORÇA	Ver Pânico e/ou Sem Forças				
SEGUIR EM FRENTE	Ver Medo e/ou Desconhecido				
GANÂNCIA	Doação	Eu sou o suficiente	White Angelica	Pericárdio Quarto chacra	C
LUTO	Felicidade	Mudança traz crescimento	Alegria	Adenoides	A,B,D
RANCOR	Ver Ressentimento				
CULPA	Merecer (Receber o que você merece)	Eu aprendo com todas as experiências da vida	Clareza	Baço	D,G,H
ÓDIO	Perdão	Eu estou perdoado	Ledum	Duto Hepático	E
OUVIR, MEDO DE	Reconhecimento	Eu tenho força para encarar a realidade	Sacred Mountain	Ouvido Interno	B,H
DESAMPARADO, SENTIR-SE	Estar em segurança	Estou em segurança	Sacred Frankincense	Visão	B
CONTER O FLUXO UNIVERSAL	Canal aberto	Eu estou no ritmo perfeito	Release	Traqueia	A,B,C
SEM TETO	Ver Abandono				
SEM ESPERANÇAS	Esperançoso	Há uma saída	Awaken	Medula óssea	D
HOSTILIDADE	Harmonia	Eu dou valor à vida	Harmony	Harmonia	F
HUMILHAÇÃO	Honra	Eu manifesto qualidades divinas	Magnify Your Purpose	Pele	F
MAGOADO	Criatividade	Eu tenho valor	Live with Passion	Criatividade	F
HIPERVIGILÂNCIA	Ver Paranoia				
HISTERIA	Ver Ansiedade				

EMOÇÃO	LADO POSITIVO	SAÍDA	ÓLEO	PONTO DE ALARME	DIAGRAMA
IDENTIDADE, PERDA DE	Propósito	*Eu estou conectado ao meu propósito*	Release	Útero/próstata	C
IGNORADO, SER	Autoconhecimento	*Estou unido ao todo*	Harmonia	Estreptococo	A,C
ILUSÃO	Clareza	*Eu vejo claramente*	Present time	Vírus	D,E,H
IMPACIÊNCIA	Adaptabilidade	*Eu sou flexível*	Melrose	Sistema Imune	C
IMPOTÊNCIA	Vitalidade	*Eu estou cheio de vitalidade*	Shutran ou Ylang-Ylang	Útero/próstata	C
INADAPTABILIDADE	*Ver Impaciência*				
INADEQUAÇÃO	Empoderamento	*Eu sou direcionado divinamente*	Douglas Fir ou Idaho Balsam Fir ou Idaho Blue Spruce	Ponto GV-20	B
INCAPACITADO	Empoderamento	*Eu estou centrado*	Hinoki	Osso sacro	F
INCOPETÊNCIA	Competência	*Eu estou alinhado*	Palo Santo	Cérebro	A,B,E,G,H
INCOMPLETO	Progresso	*Eu conheço meu destino*	Western ou Canadian Red Cedar ou Cedarwood	Vontade em C5	B
INCONGRUÊNCIA	Realidade	*Eu vejo o quadro maior*	Alegria	Ouvido externo	B
INCONSISTÊNCIA	Consistência	*Eu posso confiar em mim*	Aroma Siez	Inconsciente	B,D
INDECISÃO	Foco	*Eu tenho clareza*	Peace & Calming	Vontade superior em C3	B,F
INÉRCIA	Coragem	*Eu sou impulsionado para frente*	Motivation	Coragem	E
INFERIORIDADE	Consciência	*Eu expresso meu valor*	3 Wise Men	Válvula ileocecal	A,E,G
INFLEXIBILIDADE	*Ver Rigidez*				
FURIOSO	Confortável	*Eu lidero*	Dragon Time	Córtex suprarrenal	D
FERIDA	Cura	*Eu aprendo*	Melrose	Ferida	E,F
INJUSTIÇA (NÃO É JUSTO)	Resolução	*Eu aceito a verdade*	Sacred Mountain	Tireoide	A,C,G,H

Óleos Essenciais

EMOÇÃO	LADO POSITIVO	SAÍDA	ÓLEO	PONTO DE ALARME	DIAGRAMA
INSEGURANÇA	Sucesso	*Eu aprendo com todas as experiências da vida*	Acceptance	Íleo	E
INSULTADO	Humility	*Eu me desapego*	Humility ou Ocotea	Ego	E,H
INTEGRAÇÃO	Ver Desintegramento				
INTEGRIDADE, FALTA DE	Honestidade	*Eu sou confiável*	Helichrysum	Cérebro	A,B,E,G,H
INTIMIDADE, MEDO DE	Confiança	*Eu estou ciente de meu propósito*	Rose	Centro do coração	E
INTIMIDAÇÃO	Confiança	*Eu sou estável*	Blue Tansy ou Idaho Tansy	Hormônios	A,E
INTOLERÂNCIA (GERAL)	Ser razoável	*Eu sou tolerante*	Clary Sage	Tóxico	E
IRRESPONSABILI- DADE	Reconhecimento	*Eu encaro a realidade e sou responsável pelo meu sucesso*	Helichrysum	Tuba auditiva	B,G
IRRITAÇÃO	Euforia	*A calma flui através de mim*	Cinnamon Bark	Cabeça do pâncreas	C,E
ISOLAMENTO	Conexão	*Eu estou integrado*	En-R-Gee	Fungos/umbigo	C,D
CIÚME	Ver Deixado para Trás				
JULGAMENTO	Cuidado	*Eu estou discernindo*	Alegria	Plexo solar	D,G
FALTA	Fé	*Eu confio que consigo mudar*	Ginger	Placas de Peyer	D
FÚRIA, EXPLOSÃO DE	Discrição	*A verdade vem através de mim*	Clove	Língua	B
PREGUIÇA	Iniciativa	*Eu estou motivado*	Spearmint	Duto pancreático	E
DEIXADO PARA TRÁS	Mover-se	*Eu estou livre para me mover*	Lemon	Linfa	C
MENOS QUE, SER	Compartilhar	*Eu sou apropriado*	Humility	Medula	B,F

EMOÇÃO	LADO POSITIVO	SAÍDA	ÓLEO	PONTO DE ALARME	DIAGRAMA
DEIXAR PARA TRÁS	Felicidade	*Vá embora e fique com Deus ou Deixe para trás e deixe viver*	Sage	Bexiga	C,E,G,H
MENTIRAS	Verdades	*Sabedoria*	Copaiba	Espinha	B,F
VIDA, SUPRESSÃO DE	Contato	*Eu me regenero*	Manuka ou Myrtle	Chi	E
VIDA, SENTIR-SE SEM	Existir	*Eu existo*	Valerian	Hara no meio do caminho entre o ego e o plexo solar	D
LIMBO	Confiança	*Eu sou direcionado divinamente*	Palo Santo	Terceiro Olho	A,E
LIMITAÇÃO	Empoderamento	*Eu aceito a totalidade de quem sou*	Transformation	Chi	E
LIMITADO, SENTIR-SE	Liberar	*Eu estou disposto a mudar*	Into the future	Infecção	B,F
SOLIDÃO	Conexão com tudo que existe	*Eu vou para um espaço de amor*	White Angelica	Coração	B,G,H
ANSEIO	Aceitação	*Eu sou receptivo*	Exodus II	Constrição cardíaca	C
PERDER UMA BATALHA	Crescimento	*Eu estou alerta*	Valor ou Valor II	Corpo físico	A
PERDA	Ganho	*Eu me permito dar e receber*	Present time	Articulação temporomandibular	B
IDENTIDADE, PERDA DE	Identidade	*Eu sou único*	Journey On	Ovários/testículos	C
PERDIDO	Direção	*Eu me conecto com meu conhecimento interior*	Grounding	A fonte	F
AMOR, MEDO DO, OU DE NÃO SER AMADO	Desapego	*Eu me permito*	3 Wise Men	Rins	D,G,H
AMOR CONDICIONAL, VISANDO UMA AGENDA	Amor incondicional	*Eu vejo isso de uma perspectiva maior*	Release	Olho/cérebro	B,F

Óleos Essenciais

EMOÇÃO	LADO POSITIVO	SAÍDA	ÓLEO	PONTO DE ALARME	DIAGRAMA
MALÍCIA	Benevolência	*Eu estou protegido*	Present time	Proteção cardíaca	D
MANIFESTAÇÃO	Rejeição	*Eu expresso*	Dream Catcher	Laringe	A,C
MANIPULAÇÃO	Entendimento	*Eu vejo o que é realista*	Basil	Primeira costela	C,F
CONSCIÊNCIA DE MASSA, SER PARTE DA	Manifestar consciência em Cristo	*Eu estou consciente*	Sacred Mountain	Plexo solar Terceiro chacra	D,G
MENTE HIPERATIVA OU ACELERADA	Calma	*Eu permito*	Vetiver	Olho no lobo parietal	B
DEPLORÁVEL	Alegria	*Eu estou livre*	Alegria	Duto hepático	E
DESPERCEPÇÃO	Entendimento	*Eu liberto minha perspectiva*	Acceptance	Fungos	E
FALTA (NÃO QUERER SENTIR FALTA DE NADA)	*Ver Abandono e/ou Privação e/ou Deixado para Trás*				
DESCONFIANÇA	*Ver Julgamento*				
INCOMPREENDIDO	Apoio	*A verdade me apoia*	Blue Tansy ou Idaho Tansy	Cordas vocais	A,B,C
MAU HUMOR	Estabilidade	*Eu sou querido e amável*	Peace & Calming	Hormônios	A,E
CARÊNCIA	Calma	*Eu estou eufórico*	Bergamot	Hormônios	A,E
PENSAMENTOS ERRÔNEOS/ NEGATIVOS	Verdades	*Eu deixo as ilusões para trás*	Purification	Bactérias	D
NEGLIGENCIADO, SER	*Ver Não ser bom o bastante*				
ESTAGNADO	*Ver Importância, Sem*				
NÃO SER O BASTANTE	Bastante	*Eu peço e eu aceito*	Abundance	Centro do coração	E
NÃO SER JUSTO	*Ver Injustiça*				
NÃO RECEBER O BASTANTE	Contentamento	*Eu estou satisfeito*	Copaiba	Estômago	C,E,G,H

EMOÇÃO	LADO POSITIVO	SAÍDA	ÓLEO	PONTO DE ALARME	DIAGRAMA
NÃO SER BOM O BASTANTE	Aceitação	Eu expresso o melhor de mim	Humility	Pericárdio	E
NÃO IMPORTANTE	Ver Importância, Sem				
NÃO FAZER DIFERENÇA	Ver Importância, Sem				
NÃO SER SEGURO: - SER EU - ESTAR NO MEU CORPO - EXPRESSAR MINHA ESSÊNCIA - VIVER NESTE MUNDO	Proteção	Eu estou livre para: - Ser eu - Estar no meu corpo - Expressar minha essência - Viver neste mundo	Gratitude	Ovários/testículos	C
DESCONFIAR DE SI MESMO	Ver Traição				
INDESEJADO	Ver Rejeição				
NÃO QUERER ESTAR AQUI	Estar vivo	Eu amo a vida	Citrus Fresh	Pâncreas	C,G,H
INDIGNO	Ver Valor, Sem				
OBRIGAÇÃO	Entusiasmo	Eu ponho paixão no que faço	Cinnamon Bark	Hipotálamo	A,E
OBLITERAÇÃO	Euforia	Eu conecto meu coração e meu coração	Palo Santo	Garganta e constrição cardíaca	A,C
OBSESSÃO	Ver Falta				
OBSTINAÇÃO	Motivação	Eu desejo	Mountain Savory	Fígado	C,D,G,H
OPRESSÃO	Livre (para encontrar um aspecto de si)	Eu sigo meu sonho	Build Your Dream	Miocárdio	D
INDIGNAÇÃO	Consideração	Eu sou autossuficiente	Dill	Cabeça do pâncreas	C,E
SOBRECARREGADO	Ver Sobrecarga				
HIPERSENSIBILIDADE	Proteção	Eu abraço a vida	German Chamomile	Suprarrenais	D,G,H
SOBRECARGA	Visão	Eu foco minha energia	Envision	Visão	B

Óleos Essenciais

EMOÇÃO	LADO POSITIVO	SAÍDA	ÓLEO	PONTO DE ALARME	DIAGRAMA
DOR	Vibrante	*Eu estou vivo*	Pan Away	Ferida	E,F
PÂNICO	Tranquilidade	*Paz, ficar imóvel*	Trauma Life	Pressão sanguínea	E
PARALISIA	Motivação	*Eu estou inspirado*	Inspiration	Medula	B,F
PARANOIA	Surrender	*Eu estou confiando*	Surrender	Esôfago	E,G
PASSADO, MEDO DE REPETIR O	Consciência	*Eu aprendo com todas as experiências da vida*	Forgiveness	Vesícula biliar	C,G,H
PATÉTICO	Vibrante	*Eu sou vibrante*	White Angelica	Aorta	C
RETRIBUIÇÃO	Ver Vingança				
PERSEGUIDO, SENTIR-SE	Adoração	*Eu expresso sabedoria*	Valor ou Valor II	Rins	D,G,H
PETRIFICADO	Harmonia	*Eu me desapego*	Roman Chamomile	Colo do útero, pênis	C
FRAUDE, SENTIR-SE UMA	Realidade	*Eu abraço a vida*	Cinnamon Bark	Intestino delgado	E,F,G,H
PEGAR O QUE É DOS OUTROS	Ver Simpatia				
IRRITADO	Ver Raiva				
SENTIDO, SEM	Propósito	*Eu estou conectado*	Light the Fire	Hipotálamo	A,E
POBREZA	Apoio	*Eu estou expressando minha paixão*	Abundance	Memória celular	D,H
POSSESSIVIDADE	Compartilhar	*Eu expresso*	Ylang-Ylang	Pomo-de-Adão Quinto chacra	A,C
PODER (FIGURAS DE AUTORIDADE)	Alinhamento (Espiritual)	*Condutividade espiritual*	Spikenard ou Egyptian Gold	Raiz nervosa	E
IMPOTENTE, SENTIR-SE	Poderoso	*Eu estou empoderado*	Chivalry ou Highest Potential	Rins	D,G,H
ORGULHO (FALSO)	Ver Injustiça				
PROCRASTINAÇÃO, FALTA DE DIREÇÃO	Ação	*Eu tomo uma atitude*	Lemon Myrtle	Intestino grosso	D,G,H

EMOÇÃO	LADO POSITIVO	SAÍDA	ÓLEO	PONTO DE ALARME	DIAGRAMA
DESPROTEÇÃO	Segurança	*Minha conexão espiritual me protege*	Timo	Memória celular	D,H
PUNIÇÃO, MEDO DE, OU SE AUTOPUNIR	Elevação	*Eu aceito a verdade*	Harmonia	Trompas uterinas/vesícula seminal	C
PROPÓSITO (NÃO TER)	Triunfo	*Eu sou triunfante*	Vetiver	Hipófise	A,E,G,H
FORÇAR (MANIFESTAÇÃO)	Paixão	*Eu expresso minha alma*	Live with Passion	RNA	B
SE COLOCAR	Ver Vítima				
BRIGUENTO	Pacificador	*Eu estou em equilíbrio*	Jade Lemon	Pulmão	C,G,H
FÚRIA	Ver Violência				
ESTUPRO	Ver Violência				
REBELIÃO	Unicidade	*Eu sou um com o todo*	Release	Vértice do sétimo chacra	B,C,F
RECONHECIMENTO	Liberdade	*É seguro ser visto*	Purification	Filtro	B,F
RECUSA (AFASTAR A VIDA)	Expansão	*Eu aceito a vida*	Fennel	Pâncreas	C,G,H
ARREPENDIMENTO /REMORSO (SE CULPAR)	Completo	*Eu entendo esta experiência*	Lemon	Papilas gustativas	B,D,H
REJEIÇÃO	Aceitação	*Eu aceito tudo o que sou*	Purification	Pulmão	C,G,H
INCANSÁVEL, SER	Liberdade	*Eu estou no fluxo*	Laurus Nobilis ou White Angelica	Proteção cardíaca	D
EMOÇÕES REPRIMIDAS OU GUARDADAS	Botar para fora	*Eu sou querido e amável*	Present time	Cólon sigmoide	E,G
REPRESSÃO	Criatividade	*Eu mudo minha percepção*	Clareza	Ovários/testículos	C
SALVADOR	Regeneração	*Eu expresso auto-dependência*	Cistus (Rose of Sharon)	Canal energético	C

Óleos Essenciais

EMOÇÃO	LADO POSITIVO	SAÍDA	ÓLEO	PONTO DE ALARME	DIAGRAMA
RESSENTIMENTO	Abraçar	*Eu sou querido, amável e eu estou inteiro*	Lemongrass	Duto hepático	E
RESIGNAÇÃO	Direcionamento Interno	*Eu sou responsável*	Valor ou Valor II	Diafragma	C,G
RESISTÊNCIA (MEDO DE MOVIMENTO)	Estar Aberto	*Eu dou boas vindas à mudança*	Surrender	Amígdala cerebral	A,C
RESOLUÇÃO	Expansão	*Eu aumento minha percepção*	White Angelica	Fibras transversais	B,F
RESPEITO, FALTA DE	Honra	*Eu me permito ser verdadeiro*	Hope	Percepção sensorial	A
RESPONSABILIDADE	Ver Controle				
RESTRIÇÃO	Mobilidade	*Eu estou aberto a novas experiências*	Legacy ou Peppermint	Medula	B,F
RETRIBUIÇÃO	Ver Vingança				
VINGANÇA	Desapego	*Eu perdoo*	Dorado Azul ou Forgiveness	Ponte cerebral	A,B,D
RIDÍCULO	Aplaudido	*Eu sou honorável*	Orange	Cordas tendíneas do coração	D
RIGIDEZ	Deslumbre	*É um jogo cósmico*	Legacy ou Peppermint	Metais pesados	E
RUDEZA	Amor	*Eu sou amado*	Fulfill Your Destiny	Medula óssea	D
SABOTAGEM (PRÓPRIA OU POR OUTROS)	Restabelecimento	*Eu me liberto de padrões antigos*	Rosemary	Locus ceruleus	B,F
TRISTEZA	Alegria	*Eu vejo o humor da situação*	Lemon	Sistema nervoso central/linfático	A,B,C
SARCASMO	Congruência	*Eu sou harmonioso*	Harmonia	Cérebro	A,B,E,G,H
ESCASSEZ	Abundância com o fluxo universal	*Eu estou alinhado*	Abundance	Pomo-de-Adão	A,C
ASSUSTADO	Seguro	*Eu estou firme*	Peace & Calming	Esôfago	E,G

EMOÇÃO	LADO POSITIVO	SAÍDA	ÓLEO	PONTO DE ALARME	DIAGRAMA
DISPERSÃO	Estar centrado	Eu estou centrado	Idaho Balsam Fir ou Idaho Blue Spruce	Centro do coração e Terceiro Olho	E
SIGILO	Ver Vergonha				
SEGURANÇA	Ver Insegurança				
VER, MEDO DE	Consciência	É seguro ver	Purification	Olhar (apenas pés e mãos)	G,H
TRAIR A SI MESMO	Autoexpressão	Eu vivo minha divindade	Live Your Passion	Vontade em C5	B
CULPAR-SE	Ver Remorso/Culpa				
AUTOCENTRADO, ESTAR	Respeito	Eu estou em equilíbrio	Geranium	Visão	B
NEGAR A SI MESMO	Sabedoria	Eu me apoio	Forgiveness	C1	B,F
AUTODESTRUIÇÃO	Valor	Eu me respeito	Melaloeuca Quinquenervia	Locus ceruleus	B,F
DUVIDAR DE SI MESMO	Ver Sobrevivência e Impotente, Sentir-se				
AUTOESTIMA, BAIXA	Ver Sem Forças				
ÓDIO A SI MESMO	Ver Amor				
EGOÍSMO	Segurança	Eu estou confiante	Xiang Mao	Vértice	B,C,F
DETESTAR A SI MESMO	Ver Amor				
AUTOPIEDADE	Segurança	Eu estou seguro	Cardamom	Íleo	E
AUTO-SACRIFÍCIO	Entendimento	Eu vou a fundo (centro)	ImmuPower	Líquido cefalorraquidiano	B
SEPARADO, ESTAR	Completar	Eu estou conectado ao/à _____	Idaho Balsam Fir ou Idaho Blue Spruce	Vértice Oitavo chacra	B,C,F
SERVIR-ME	Ver Direito, Sentir-se no				
ACERTO DE CONTAS	Ver Vingança				

Óleos Essenciais

EMOÇÃO	LADO POSITIVO	SAÍDA	ÓLEO	PONTO DE ALARME	DIAGRAMA
VERGONHA	Entendimento	*Eu aprendo com todas as experiências da vida*	White Angelica	Hipotálamo	A,E
CHOQUE	Centrado	*Eu estou alinhado*	Melissa	Terceiro Olho	A,E
DEVERIA FAZER ALGO, EU	Espontaneidade	*Eu sou guiado*	Lemongrass	Tendões	B,F
DESATIVADO	Criatividade	*Eu sou vibrante*	Patchouli	Integração cerebral	B,F
CETICISMO ESCRAVO	Certeza Ver *Escravidão*	*Eu transcendo*	Idaho Tansy	Medula óssea	D
INSONE	Rejuvenescido	*Eu deixo ir e permito*	Valerian	Pineal	B,F,H
LENTO	Vivo	*Eu me permito estar aqui*	Inspiration	Ossos auriculares	B
FURTIVO	Direto	*Eu estou limpo*	Thieves	Duto biliar comum	C,H
FEITIÇARIA	Acender	*Eu me empodero*	Palo Santo	Proteção cardíaca	D
TRISTEZA	Paz	*Eu estou em equilíbrio*	Acceptance	Brônquios	C,G
ABRIR-SE, MEDO DE	Livre arbítrio	*Não é minha vontade, mas a vossa*	Sacred Mountain	Garganta	A
ESFORÇO INÚTIL	Impulsionar para frente	*Eu estou limpo*	Hong Kuai	Espinha	B,F,H
ESTAGNAÇÃO	Transformação	*Eu estou empoderado*	Transformation	Chi (5 cm abaixo do umbigo)	E
ESTRESSE (FÍSICO)	Diversão	*A vida é divertida*	Eucalyptus Radiata	Pleura	C
ESTRESSE (EMOCIONAL)	Harmonia	*Eu entendo*	Clarity	Integração cerebral	B,F
DIFICULDADE, TER	Clareza	*Eu aceito minhas emoções*	Abundance	Olho no lobo parietal	B
TEIMOSIA	Flexibilidade	*Eu sou objetivo*	Chivalry ou Harmony	Estômago	C,E,G,H
PRESO NO MESMO LUGAR, SENTIR-SE	Transformado	*Eu experiencio*	Lemon	Seios nasais	A,E,G,H

EMOÇÃO	LADO POSITIVO	SAÍDA	ÓLEO	PONTO DE ALARME	DIAGRAMA
ESTUPIDEZ	Conhecimento	*Eu aprendo facilmente*	Melaleuca Ericifolia (Rosalina) ou Tea Tree	Tálamo	A,B,E
SUCESSO, MEDO DO	Aceitação	*Eu aceito a consciência*	Release	Intestino grosso	D,G,H
SUFOCAMENTO	Respirar	*Eu consigo respirar*	Lemon	Pleura	C
SUPERIOR A, MELHOR QUE	*Ver Não ser bom o bastante*				
SUPERIOR A, MELHOR QUE	*Ver Não ser bom o bastante*				
EMOÇÃO SUPRIMIDA	*Ver Emoções, Supressão*				
SUPRESSÃO	Harmonia	*Eu expresso minha essência*	Juniper	Rins	D,G,H
SOBREVIVÊNCIA	Unidade	*Eu estou unido ao todo*	Cedarwood ou Western Red Cedar 1st Chakra ou Canadian Red Cedar	Colo do útero/pênis	C
SUSPEITO	Honesto	*Eu estou seguro*	Marjoram	Núcleos da rafe	B,F
EMOÇÕES ENGOLIDAS	*Ver Emoções, Engolir*				
ENGOLIR	Autodeterminação	*Eu escolho meu caminho*	Carrot Seed	Ovários/testículos	C
SIMPATIA	Empatia	*Eu deixo para trás e deixo para Deus/Jeová*	White Angelica	Plexo solar	D,G
TOMAR COMO CERTO	Honrado	*Eu me honro*	Present time	Gengiva/dentes	B,E
TERROR	Segurança	*Eu me rendo*	Onycha ou Sandalwood	Peritôneo	C
CANSADO	Rejuvenescido	*Eu estou renovado*	Humility	Duto pancreático	E
ATORMENTADO	Cuidado	*Eu transcendo*	Tarragon	Nervos	C,D,F

Óleos Essenciais

EMOÇÃO	LADO POSITIVO	SAÍDA	ÓLEO	PONTO DE ALARME	DIAGRAMA
TOXICIDADE (QUÍMICA/ ELETROMAGNÉTICA/EMOCIONAL)	Transformação	*Dentro do vazio*	Legacy ou Oregano*	Conector	B
PRESO	Livre	*Eu estou livre*	Transformation	Plexo solar	D,G
TRAUMA	Crescimento	*É seguro crescer*	Relieve It	Cordas tendíneas do coração	D
PROBLEMÁTICO	Alívio	*Eu sou alegre*	Kunzea	Centro do coração	E
CONFIANÇA	*Ver Traição*				
VERDADE, MEDO DE OUVIR A	Ouvir	*Eu confio no Espírito/Deus/ Jeová/Javé*	Helichrysum	Tuba auditiva	B,G
NÃO APRECIADO	Importante	*Eu sou de propósito*	JuvaFlex	Pulmão	C,G,H
INCERTEZA	Focado	*Estou limpo e focado*	Thieves	Glândula salivar	B
DESDOBRAMENTOS, MEDO DE	Estar Aberto	*Eu permito movimento*	Lavender	Núcleos da rafe	B,F
PERDOAR, INCAPACIDADE DE	Perdoável	*Eu abençoo*	Forgiveness	Pressão sanguínea	E
REALIZAÇÃO, SEM	Consciência	*Eu aceito a totalidade de quem sou*	Marjoram	Fontanela posterior	B
INGRATIDÃO	Gratidão	*Eu aprecio*	Ledum	Baço	D,G,H
DESANCORADO	Ancorado	*Eu sou estável*	Australian Blue	Bexiga	C,E,G,H
SEM IMPORTÂNCIA	Valor	*Eu assumo responsabilidade pessoal*	Pine	Mucosa	A,C
DESCONHECIDO, MEDO DO	Conhecimento,	*Ouvir seu coração*	Sacred Mountain	Pineal	B,F,H
DESMOTIVADO	Focado	*Eu produzo respostas*	Lime	Pulmão	C,G,H
EXPECTATIVAS IRREAIS	*Ver Expectativas*				

EMOÇÃO	LADO POSITIVO	SAÍDA	ÓLEO	PONTO DE ALARME	DIAGRAMA
CONFIÁVEL, MEDO DE A VIDA NÃO SER	Confiável	Eu me honro	Lemon	Inconsciente	B,D
APOIADO, MEDO DE NÃO SER	Segurança	Eu assumo responsabilidade pessoal	Birch Idaho Balsam Fir ou Idaho Blue Spruce ou JuvaFlex ou Wintergreen	Ligamentos	F,H
INCERTEZA	Segurança	Eu estou certo	Mastrante	Ponte cerebral	A,B,D
CONFIAR, SER INCAPAZ DE	Ver Julgamento				
INDESEJADO	Ser desejado	Eu estou alinhado	Sacred Frankincense	Ego	E,H
BEM-VINDO, NÃO SER	Ser necessário	Eu estou aqui por uma razão	Roman Chamomile	Aorta	C
DIGNO DE ALGO, NÃO SE SENTIR	Digno	Eu abro meu coração	Jasmine	Ponte cerebral	A,B,D
USADO, SER	Respeitado	Eu respeito quem sou	Jasmine		C,E
INÚTIL	Essencial	Eu sou a perfeição	Hope	Hipotálamo	A,E
VINGATIVO	Ver Vingança				
VÍTIMA (CONSCIÊNCIA)	Conectar-se com a sua força interior	Eu sou causa	Magnify	Alergia	C
VÍTIMA, SER	Auto-responsável	Eu sou real	Peace & Calming	Nervos	C,D,F
VIOLADO	Honrado	Eu te respeito	Sensation	Útero/próstata	C
VIOLÊNCIA	Direcionamento	Eu expresso paz	Purification	Fígado	C,D,G,H
VAZIO	Ver Confusão				

---

* *Oregano pode causar queimaduras em pele sensível, especialmente na testa Aplique uma gota do óleo na mão antes de aplicar na testa, ou simplesmente toque nos pontos da sua testa sem aplicar o óleo*

Óleos Essenciais

EMOÇÃO	POSITIVO LADO	SAÍDA	ÓLEO	PONTO DE ALARME	ESQUEMA
VULNERÁVEL	Inteiro	*Eu estou unido com tudo que existe*	Oregano*	Sistema de ativação reticular	B, F
QUERER AGRADAR	Desprendimento	*Eu sou amado*	Geranium	Constrição do coração	C
FRACO, PARECER	Invencível	*Eu sou livre*	Valor ou Valor II	Ovários/ testículos	C
FRAQUEZA	Proteção	*Eu sou centrado*	White Angelica	Fontanela frontal: Constrição do coração:....... Nervo:........ Filtro:.........	B C C,D,F B,F
PARA QUE ISSO? O QUE HÁ DE ERRADO COMIGO	Valioso *Ver Não ser bom o suficiente*	*Eu tenho valor*	Transformation	baço	D, G, H
VONTADE, MAU USO DA	Divinamente dirigido	*Eu ouço meu conhecimento interior*	Spikenard ou Egyptian Gold	Disco	D
SABEDORIA, MEDO DA	Iluminação	*Enfrentar o medo*	Ylang Ylang	Pituitária	A, E, G, H
VONTADE, FALTA DE	Direção	*Eu estou focado*	Citronella	Medula espinhal	B, F, H
DISTANCIAMENTO	Desprendimento	*Estou livre*	Valor ou Valor II	Pineal	B, F, H
PREOCUPAÇÃO	Abundância	*Vou até o fundo*	Abundance	Esôfago	E, G
SEM VALOR, SENTIR-SE	Aprovação	*Tenho valor*	Frankincense	Gengiva/dentes	B, E
ERRADO	Conhecimento	*Eu sou verdadeiro com meus princípios*	Release	Baço acessório	D

CHACRAS ou CENTROS DE ENERGIA|

EMOÇÃO	POSITIVO LADO	SAÍDA	ÓLEO	PONTO DE ALARME	ESQUEMA
\multicolumn{6}{c}{*É minha intenção devolver meu corpo, mente e espírito ao ponto da perfeição.*}					
SEPARADO	Completo	*Estou ligado ao Espírito divino/Deus Jeová/Yahweh/ Tudo que é*	Idaho Balsam Fir ou Idaho Blue Spruce 20 cm acima do vértice	8° chacra	
REBELIÃO	Unidade	*Eu sou um com tudo que existe*	Release	7° chacra, vértice	B, C, F
ARROGÂNCIA	Docilidade	*Eu sei quem eu sou*	Cedarwood	6° chacra, hipotálamo	A, E
POSSESSIVIDADE	Compartilhamento	*Eu expresso*	Ylang Ylang	5° chacra, relevo laríngeo	A, C
GANÂNCIA	Oferta	*-Eu sou o bastante*	White Angelica	4° chacra, constrição do coração	C
CONSCIÊNCIA DE MASSA (ser parte da)	Manifestar a consciência de Cristo	*Eu sou consciente*	Sacred Mountain	3° chacra, plexo solar	D,G
EXPECTATIVAS	Apreciar	*Eu sou completo*	SARA	2° chacra, bexiga	C, E, G
SOBREVIÊNVIA	Unidade	*Eu sou um com tudo que existe*	Cedarwood ou Canadian ou Western Red Cedar	Colo do útero/pênis	C

Chacras ou centros de energia

Chacras são centros de energia encontrados ao longo da linha média do corpo, estendendo-se pelo tronco, tanto na frente como nas costas. O primeiro chacra está localizado ao redor do cóccix e o 7° Chakra no alto da cabeça. Os demais então entre esses pontos.

As emoções são projetadas e recebidas através da energia transmitida pelos chakras. Uma vez que as emoções sejam geradas ou aceitas em nosso campo energético, estas movem-se através do corpo pelo sistema meridiano, que consiste em canais de energia que alimentam todas as glândulas, órgãos e sistemas. As emoções, assim como as áreas do corpo, têm frequências vibracionais específicas e acumulam-se em áreas com a mesma frequência. É por isso que certas emoções estão associadas a certas áreas do corpo e é dessa forma que os chacras estão ligados ao sistema meridiano.

HARMONIA DOS CHACRAS

A afinação adiciona outra dimensão à limpeza do chacra. Além da limpeza, os chacras também podem ser equilibrados e ter seus aspectos positivos melhorados. A afinação pode ser usada para eliminar a depressão, curar a mente e o corpo e também criar a vida que você quer. Os sons de vogais são usados porque dão poder à linguagem e as notas musicais definem o passo.

Idealmente, comece limpando todos os chacras em todos os níveis, começando pelo primeiro, ou chacra da terra, continue subindo e termine com o oitavo chacra, cuja base está localizada 20 centímetros acima do topo da cabeça.

Comece colocando uma gota do óleo associado ao primeiro chacra, o chacra da terra — os óleos Cedarwood, Canadian ou Western Red Cedar — na palma de sua mão não dominante e então gire a gota do óleo três vezes no sentido horário para ativá-la. Em seguida, coloque o óleo no ponto do chacra, neste caso o osso púbico, os pontos emocionais na testa, na parte superior da cabeça, na medula espinhal ou no ponto de liberação e nos dois pontos do filtro. Em seguida, sinta o cheiro do óleo, sinta os dois lados da emoção e diga a afirmação ou "saída". Reproduza a nota dó e afine o som de vogal "U" correspondente, que é expresso como "Hu" e, curiosamente, é também um antigo nome para Deus. Respire de forma profunda e limpante e expire, liberando quaisquer energias retidas. Sinta o cheiro do óleo e os dois os lados da emoção e diga a afirmação. Reproduza a nota e o tom do som da vogal, finalizando com uma respiração de liberação e limpeza. Repita uma terceira vez para limpar todas as três camadas na frente do corpo.

Elas correspondem a três camadas de energia que se estendem do corpo físico. A primeira camada se relaciona com a saúde, ou o corpo de energia física, e contém as reservas de energia que você deixa armazenadas para si. Esta camada muitas vezes é melhor sentida a 10 centímetros do corpo. A segunda camada é primariamente emocional e contém a energia que temos para outras pessoas. Está a aproximadamente 20 centímetros do corpo. A terceira camada é associada com o corpo mental e se estende a aproximadamente 30 centímetros do corpo. Os três aspectos de tonalização, som, escuta e liberação correspondem à mente, corpo e espírito, apoiando e melhorando a função, o crescimento e o desenvolvimento.

Para limpar todas as três camadas na parte de trás do corpo, repita o procedimento, tonalizando o Dó# (sustenido) em vez de repetir três vezes o Dó. O terceiro, sétimo e oitavo chacras possuem uma única nota (sem sustenido); então, a tonalização é feita apenas três vezes para limpar os chacras da frente e das costas.

No início do dia, limpar todos os chacras com óleos e tonalizá-los é uma ótima maneira de alinhar seu campo de energia ou finalizar e relaxar antes de dormir. O "Vídeo de Harmonia dos Chacras" foi feito para ser usado de forma ativa, para melhorar a sua experiência, ou de forma passiva, como fundo para acalmar e equilibrar o seu campo energético e o seu ambiente.

Para uma captura rápida, teste cada chacra e trate apenas aqueles que estiverem desequilibrados. O mais poderoso é o oitavo chacra, que afeta a terceira camada — ou seja, o campo de energia mais externo — e liga todos os chacras e as energias que estes carregam. Tonalize três vezes para corrigir, correndo sua mão do alto de sua cabeça para baixo pelos lados, para trás, e pela frente de seu corpo, limpando seu campo e selando sua aura com seu propósito. Volte a testar para confirmar a correção e determinar se é necessário acentuar mais alguma coisa. Intensificar o 8º chacra equilibrará sua energia para o dia, permitindo que você encare o mundo com um campo limpo e atraia o que seu coração deseja. Os chacras estão listados na página seguinte, com seus respectivos tons e sons de vogal. Os dois lados das emoções e a "saída" são combinados numa única afirmação. (Você pode escolher unir as demais emoções de uma forma semelhante.)

ESQUEMA DE TONALIZAÇÃO DA HARMONIA DOS CHACRAS

1º CHACRA — RAIZ

Óleo: Western ou Canadian Red Cedar; Local: osso da púbis; Nota: Dó médio, dó sustenido; Som de vogal: Hu

Eu estou unido a tudo que é e isso me permite sair da **Sobrevivência** para a **Unidade**

2º CHACRA — CRIATIVIDADE

Óleo: SARA; Local: Bexiga; Nota: Ré, ré Sustenido; Som de vogal: Ô

Eu estou completo dentro de mim mesmo e isso me permite liberar as **Expectativas** e prosseguir para a **Apreciação.**

3º CHACRA — PLEXO SOLAR

Óleo: Sacred Mountain; Local: Plexo solar; Nota: Mi; Som de vogal: Ah

Eu estou consciente e isso me permite sair da **Consciência** de Massa e manifestar a **Consciência de Cristo.**

4º CHACRA — CORAÇÃO

Óleo: White Angelica; Local: Coração; Nota: Fá, Fá sustenido; Som de vogal: Ê

Eu me basto e isso me permite liberar a **Ganância** e **Doar** livremente.

5º CHACRA — GARGANTA

Óleo: Ylang Ylang; Local: Garganta; Nota: Sol, sol sustenido; Som de vogal: I

Eu me expresso e isso me permite liberar a **Possessividade** e **Compartilhar** livremente.

6º CHACRA — TERCEIRO OLHO

Óleo: Cedarwood; Local: Terceiro olho; Nota: Lá, lá sustenido; Som de vogal: E

Eu sei quem sou e isso me permite liberar a **Arrogância** e incorporar a **Humildade.**

7º CHACRA — ALTO DA CABEÇA

Óleo: Release; Local: Alto da cabeça; Nota: Si; Som de vogal: E

Eu estou unido a tudo que é e isso me permite liberar a **Rebeldia** e experimentar a **Unicidade.**

8º CHACRA — ESTRELA

Óleo: Idaho Balsam Fir; Local: 20 cm acima do alto da cabeça; Nota: Dó sustenido; Som de vogal: Hu

É minha intenção devolver meu corpo, minha mente e meu espírito ao ponto de perfeição.

LIMPANDO PADRÕES EMOCIONAIS

> *Um vídeo demonstrando o processo de liberar padrões emocionais com óleos essenciais pode ser visto em:*
>
> ***www.bodytype.com/videos/videos***

Mudar um padrão emocional exige identificar a emoção, entender o padrão, ter consciência da outra maneira de expressar o sentimento e aprender a lição. Até aprendermos a partir de uma experiência, continuaremos a recriar situações parecidas. Uma vez que aprendemos como transformar o sentimento bloqueado, ficamos livres.

Curar uma memória celular envolve consciência em todos os níveis: mental, emocional, espiritual e física. Até uma resposta condicionada ser liberada pelo corpo (física/emocional), o comportamento continua, assim como ocorria com a resposta condicionada do cachorro de Pavlov. O corpo pode ser limpo acessando-se as emoções através de pontos de alarme e do sistema límbico do cérebro, acessado através do cheiro.

As emoções são liberadas ao se sentir as polaridades negativas e positivas, que permitem acessar os dois lados da mesma moeda. Situações parecidas ocorridas no passado ressurgirão com frequência. Muitas dessas situações podem ser liberadas simplesmente ao reconhecermos sua existência.

Esse reconhecimento é trazido pela percepção consciente (mental/espiritual) de identificar a emoção, seu outro lado, e a lição ou saída de uma situação desconfortável.

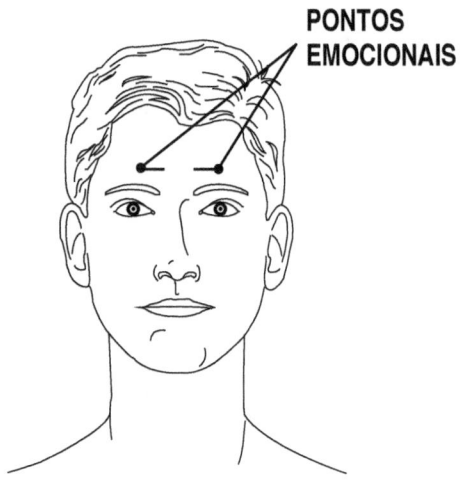

Procedimento de limpeza

1. Identificar e **SENTIR** a EMOÇÃO,

2. Cheirar o ÓLEO apropriado, levando-o a todas as suas células,

3. **SENTIR** o OUTRO LADO da emoção,

4. Aplicar o óleo no(s) PONTO(S) DE ALARME,

5. Aplicar o óleo nos PONTOS EMOCIONAIS ou simplesmente tocá-los nas eminências frontais,

6. Focar ou dizer a AFIRMAÇÃO que oferece uma saída. Isso permitirá que você saia de um estado negativo para um positivo. Continue inalando o óleo até sentir a energia mudar,

7. Repetir quantas vezes forem necessárias. Pode ser 1, 3, 7, 10, ou 18 vezes (o que é essencialmente cada hora acordado) por 1, 3 ou 7 semanas – basicamente, até o padrão não estar mais presente em sua vida.

Nota: A frequência de aplicação é determinada pela profundidade do padrão emocional. O caminho mais rápido para limpar problemas profundos ou centrais é 18 vezes por dia por 7 semanas, mas lembre-se: você é livre para escolher seu ritmo. A duração desse período é irrelevante. Depende de você levar 7 semanas ou 7 meses. Como fazer a aplicação a cada hora acordado costuma ser impraticável, o procedimento pode ser feito a intervalos tão curtos quanto a cada 15 minutos, permitindo que você talvez consiga fazer de 4 a 6 vezes antes do trabalho, várias vezes durante o dia e completando a noite quando chegar em casa

Óleos Essenciais

Realizar o procedimento de limpeza à noite, antes de ir para a cama, permite ao seu subconsciente processar os padrões emocionais durante os sonhos. Aplicar o(s) óleo(s) em um difusor perto da sua cama ou em uma bola de algodão sobre o travesseiro permite que você continue inalando o óleo durante o sono. Formas adicionais de reduzir a frequência de aplicação são incluir os óleos na sua banheira ou no seu banho de chuveiro e antes de uma meditação ou exercício.

Como alguns pontos de alarme do corpo são de difícil acesso, como o ponto do fígado, às vezes você poderá querer usar o ponto correspondente na sua mão. Use o diagrama da mão como referência para a localização exata.

À medida que as emoções emergem, elas precisam ser liberadas. Escrever, conversar, se exercitar, banhos com sais e saunas ajudam. Se a liberação emocional ficar intensa demais, reduza a frequência ou faça uma pausa e estenda o tempo. Talvez seja preciso abordar as emoções correspondentes ou relacionadas antes que um problema central possa ser completamente curado.

Você pode tratar emoções diferentes que usem o mesmo óleo ou emoções relacionadas que usem óleos diferentes. Um óleo ou emoção pode vir imediatamente em sequência a outro. Limpe todas as emoções à medida que elas emergem e trate-as até que a carga emocional se vá e o padrão seja liberado. Honre a si mesmo e preste atenção no que é melhor para você.

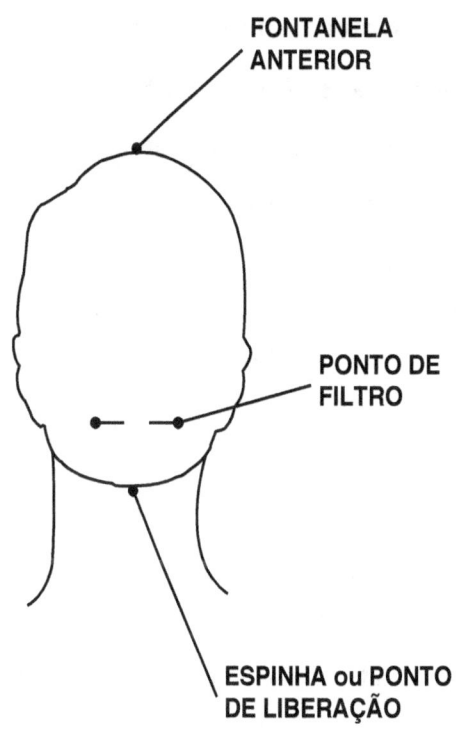

Sensibilidade ao óleo
Alguns óleos são fortes e podem irritar peles sensíveis, especialmente no rosto e na testa. Se você sentir secura ou queimação, dilua o óleo usando V6 ou qualquer óleo vegetal. Se você tiver qualquer dificuldade com os óleos, simplesmente cheire o óleo e toque os pontos emocionais e de alarme, sentindo as emoções e falando a afirmação.

Alguns óleos, como o Lemon, podem causar fotossensibilidade, facilmente causando queimaduras sob luz solar intensa. Use esses óleos com cuidado, apenas cheirando-os em vez de os aplicar.

Uma vez que o óleo tenha sido usado, sentir os sentimentos e dizer as afirmações costuma ser eficiente quando usar o óleo é inconveniente.

O elemento mais importante é a sua intenção. Sinta os sentimentos e foque na afirmação. Pode haver vezes em que a afirmação é incerta. À medida que você a trabalha, emergirá uma nova consciência. Este é um processo de aprendizado gradual.

Amplificação do procedimento de limpeza
Uma vez que o óleo essencial tenha sido aplicado nos pontos de alarme e nas eminências frontais, ele também pode ser aplicado na fontanela anterior, na espinha ou ponto de liberação na base do crânio e nos pontos de filtro em ambos os lados da parte de trás do crânio.

Os pontos de liberação ajudam a liberar o padrão emocional e os pontos de filtro servem para filtrar energias que colocariam uma pessoa de volta no padrão antigo.

LIMPANDO PADRÕES EMOCIONAIS – PLANILHA DE TRABALHO

- Liberar um padrão emocional exige acesso a todas as áreas: mental, emocional, espiritual e física;

- *Reconhecer* traz o padrão para a percepção consciente – mental;

- *Sentir as polaridades negativa e positiva* da emoção libera essa emoção.

- *Concentrar-se na afirmação* que apresenta uma saída ou enunciá-la permite que você aprenda a lição acessando o espiritual.

- *Aplicar o óleo nos pontos emocionais e de alarme* acessa o físico, liberando a resposta condicionada contida no DNA e na memória celular.

- *Uma vez aprendida a lição* e feita a limpeza do DNA, o padrão não é mais um problema – *estamos livres*.

Procedimento de limpeza

1. Identificar e SENTIR a EMOÇÃO: _____

2. Cheirar o *ÓLEO* apropriado: _____

3. *SENTIR* o outro lado da emoção: _____

4. Aplicar o óleo nos PONTOS DE ALARME: _____

5. Aplicar o óleo ou simplesmente tocar os *PONTOS EMOCIONAIS*. Os pontos de *VÉRTICE, LIBERAÇÃO* e *FILTRO* são opcionais.

6. Dizer a AFIRMAÇÃO que apresenta uma saída – isto permite que você saia de um estado negativo para um mais positivo _____

7. Repita quantas vezes forem necessárias. Pode ser 1, 3, 7, 10, ou 18 vezes (o que é essencialmente cada hora acordado) por 1, 3 ou 7 semanas. Você pode aplicar o óleo a noite, antes de ir para a cama, de manhã, enquanto se prepara para o dia, e em qualquer outra hora do dia quando você pensar no assunto ou quando ele surgir.

NOTA: A frequência de aplicação é determinada pela profundidade do padrão emocional. O caminho mais rápido para limpar problemas profundos ou centrais é 18 vezes por dia por 7 semanas, mas lembre-se: você é livre para escolher seu ritmo. A duração desse período é irrelevante. Se você vai levar 7 semanas ou 7 meses, isso depende de você. Como fazer o procedimento a cada hora acordado costuma ser impraticável, ele pode ser feito mais ou menos a cada 15 minutos, permitindo que você o faça em torno de 4 a 6 vezes antes do trabalho e várias vezes durante o dia, completando à noite quando chegar em casa.

Como alguns pontos de alarme do corpo são de difícil acesso, como o ponto do fígado, você pode querer usar o ponto correspondente na sua mão. Use o diagrama da mão como referência para a localização exata.

A limpeza também pode ser feita colocando o óleo num difusor durante a noite. Passe pelo procedimento de limpeza e coloque o óleo numa bola de algodão ou difusor. Isto permite ao subconsciente continuar trabalhando na limpeza emocional durante a noite.

Óleos Essenciais

Conforme as emoções emergem, elas precisam ser liberadas. Escrever, conversar, se exercitar, banhos com sais e saunas ajudam. Se a liberação emocional ficar intensa demais, reduza a frequência ou faça uma pausa e estenda o tempo. Talvez seja preciso abordar as emoções correspondentes ou relacionadas antes de um problema central ser completamente curado. **Você pode tratar emoções diferentes que usem o mesmo óleo ou emoções relacionadas que usem óleos diferentes**. Um óleo ou emoção pode vir imediatamente em sequência a outro. Honre a si mesmo e preste atenção no que é melhor para você.

Baixe ou imprima este formulário: ***Bodytype.com/Worksheet***

VARIAÇÃO DA LIMPEZA DE PADRÕES EMOCIONAIS[10]
(SEM TESTE MUSCULAR)

1. Sinta a emoção. Abrace-a totalmente. (Se você for altamente emotivo e estiver preocupado com a possibilidade de ficar "preso" na emoção, temendo não ser capaz de sair dela, fique certo de que esta técnica ajudará a limpar a emoção).

2. Respire fundo e inale o óleo apropriado; repita três (3) vezes.

3. Sinta o outro lado da emoção:

4. Aplique o óleo no(s) ponto(s) de alarme.

5. Aplique o óleo nos pontos emocionais nas eminências frontais, na espinha ou no ponto de liberação, nos pontos de filtro na parte de trás da cabeça e na fontanela anterior no alto da cabeça.

6. Enuncie a afirmação em voz alta, repetindo-a até sentir a liberação do bloqueio energético e você alcançar um ponto de calma.

7. Depois, verbalize a afirmação sem fazer nenhum som. (Faça o movimento com sua boca, mas sem emitir som. Isto não funciona se você apenas mentalizar a afirmação.) Repita a verbalização sem som até os bloqueio energéticos serem liberados e você voltar a um ponto de calma[10].

8. Encerre dizendo a afirmação mentalmente para si três (3) vezes.

9. Repita este procedimento sempre que aquele sentimento negativo ou qualquer outro surgir, ou quando um bloqueio energético emocional emergir.

PROCEDIMENTO DE LIMPEZA PARA CRIANÇAS

Procedimento para limpar a raiva em crianças

Segure o óleo embaixo do nariz da criança, deixando-a sentir o cheiro. Em caso de raiva, o óleo é o *Purification*. Refira-se à emoção dizendo: "Você está com raiva, não está?". Haverá um "Sim" ou nenhuma resposta. Coloque uma gota de Purification na palma de sua mão não-dominante e gire a gota três vezes no sentido horário para ativar o óleo. Toque no ponto de alarme do fígado em ambas as mãos, diga "o outro lado da raiva é o riso" e sorria.

Toque os dois pontos emocionais da testa com o óleo *Purification* nos seus dedos, ou coloque a palma da sua mão (com o óleo) na testa da criança, sobre os pontos emocionais, e diga " o jeito de ir da raiva para o riso é 'minha direção está clara'". Se for apropriado, você pode pedir para a criança repetir "minha direção está clara".

Repita o procedimento quantas vezes forem apropriadas. É melhor você se tratar imediatamente antes ou depois de cuidar da criança (incluindo crianças mais velhas), pois isso ajuda o sentido de autoestima da criança. Ao incluir você mesmo no procedimento, a criança não sente que há alguma coisa "errada" com ela e <u>sim</u> que emoções são parte da vida e podemos escolher como expressar nossos sentimentos.

---

[10] com a contribuição de Susan Ulfelder, N.D.

Referências de óleos

REFERÊNCIAS DE ÓLEOS
ÓLEOS, EMOÇÕES E PONTOS DE ALARME

ÓLEO	EMOÇÃO	PONTO DE ALARME
ABUNDANCE	Não ser o bastante	Centro cardíaco
ABUNDANCE	Pobreza	Memória celular
ABUNDANCE	Escassez	Pomo de adão
ABUNDANCE	Debater-se	Olho no lobo parietal
ABUNDANCE	Preocupação	Esôfago
ACCEPTANCE	Desaprovação	Intestino grosso
ACCEPTANCE	Não pertencimento	Plexo solar
ACCEPTANCE	Embaraço	Hipotálamo
ACCEPTANCE	Insegurança	Íleo
ACCEPTANCE	Percepção errada	Fungos
ACCEPTANCE	Tristeza	Brônquios
AROMA LIFE	Solidão	Protetor cardíaco
AROMA SIEZ	Inconsistência	Inconsciente
AUSTRALIAN BLUE	Asco, repulsa	Brônquios
AUSTRALIAN BLUE	Sentir-se sem chão	Bexiga
AUSTRALIAN KURANYA	Desencorajamento	Líquido cefalorraquidiano *(GV-19)*
AWAKEN	Conexão interdimensional	Porta sacral
AWAKEN	Expansão	Integração da alma
AWAKEN	Desesperança	Medula óssea
BASIL	Manipulação	Primeira costela
BELIEVE	Desonestidade	Baço
BERGAMOT	Carência	Hormônios
BLUE TANSY *ou* IDAHO TANSY	Intimidação	Hormônios
BRAIN POWER *ou* GENEYUS	Apatia	Hipocampo
BRAIN POWER *ou* GENEYUS	Confusão mental	Cérebro *ou* céu da boca
BUILD YOUR DREAM	Opressão	Cordas tendíneas do coração
CANADIAN *ou* WESTERN RED CEDAR *ou* CEDARWOOD	Incompletude	Vontade em C-5
CANADIAN *ou* WESTERN RED CEDAR *ou* CEDARWOOD	Sobrevivência	Colo do útero/pênis – primeiro chacra
CARDAMOM	Autopiedade	Íleo
CARROT SEED	Sentir-se engolido	Ovários/testículos
CASSIA	Dependência	Vontade em C5
CEDARWOOD	Presunção	Hipotálamo– sexto chacra

Óleos Essenciais

ÓLEO	EMOÇÃO	PONTO DE ALARME
CELEBRATION	Sentir-se intimidado	Plexo solar
CELERY SEED ou JUVA CLEANSE	Ambivalência	Hipocampo
CHIVALRY ou HARMONY	Sensação de impotência	Rins
CHIVALRY ou HARMONY	Teimosia	Estômago
CINNAMON BARK	Irritação	Cabeça do pâncreas
CINNAMON BARK	Obrigação	Hipotálamo
CINNAMON BARK	Fraude	Intestino delgado
CISTUS (ROSE OF SHARON)	Sentir-se um salvador	Canal energético
CITRONELLA	Vacilação	Espinha dorsal
CITRUS FRESH	Não querer estar aqui	Pâncreas
CLARITY	Estresse *(emocional)*	Integração cerebral
CLARITY	Culpa	Baço
CLARITY	Repressão	Ovários/testículos
CLARY SAGE	Intolerância, geral	Toxicidade
CLOVE	Explodir com as pessoas	Língua
COMMON SENSE	Controlar pelo ataque	Íleo
COPAIBA	Mentiras	Espinha dorsal
COPAIBA	Não conseguir se satisfazer	Estômago
CYPRESS	Desrespeito	Veias
DAVANA	Sentir-se repreendido	Tireoide
DI-GIZE ou DI-TONE	Desilusão	Apêndice
DILL	Indignação	Cabeça do pâncreas
DORADO AZUL	Vingança	Ponte
DOUGLAS FIR ou IDAHO BLUE SPRUCE	Inadequação	GV-20
DRAGON TIME	Fúria	Córtex suprarrenal
DREAM CATCHER	Competitividade	Válvulas linfáticas
DREAM CATCHER	Manifestação	Laringe
EGYPTIAN GOLD ou SPIKENARD	Poder *(figuras de autoridade)*	Raiz nervosa
EGYPTIAN GOLD ou SPIKENARD	Vontade *(mau uso da)*	Disco intervertebral
ELEMI	Desorientação diabólica	Terceiro olho
ENDOFLEX	Negação	Visão
EN-R-GEE	Isolamento	Leveduras/umbigo
EN-R-GEE ou NUTMEG	Exaustão suprarrenal	Suprarrenais
ENVISION	Apego	Visão
ENVISION	Confinamento	Intuição

ÓLEO	EMOÇÃO	PONTO DE ALARME
ENVISION	Sobrecarga	Visão
EUCALYPTUS BLUE	Sensação de paralisia	Bexiga
EUCALYPTUS BLUE	Emoções, suprimir	Olhos/lobo occipital
EUCALYPTUS (GLOBULUS)	Amarras *(medo de)*	Parótidas
EUCALYPTUS (RADIATA)	Estresse *(físico)*	Pleura
EXODUS II	Submissão a outros	Magia
EXODUS II	Sensação de estar condenado	Plexo solar
EXODUS II	Saudades	Constritor cardíaco
FENNEL	Recusa	Pâncreas
FORGIVENESS	Traição	Pâncreas
FORGIVENESS	Amargor	Vesícula biliar
FORGIVENESS	Desconfiança	Útero/próstata
FORGIVENESS	Passado *(medo de repetir)*	Vesícula biliar
FORGIVENESS	Vingança	Ponte
FORGIVENESS	Negação de si mesmo	CI
FORGIVENESS	Incapacidade de perdoar	Pressão sanguínea
FRANKINCENSE	Tontura *(vertigem)*	Ouvido médio
FRANKINCENSE	Sem valor *(sentir-se)*	Gengiva/dentes
FRANKINCENSE	"Vá se f—"	Ego
FULFILL YOUR DESTINY	Grosseria	Medula óssea
GALBANUM *ou* GRATITUDE	Desprezo	Válvula ileocecal
GATHERING	Pressentimento ruim	Rins
GATHERING	Escravidão	Meninges
GENEYUS *ou* BRAIN POWER	Apatia	Hipocampo
GENEYUS *ou* BRAIN POWER	Confusão mental	Cérebro *ou* céu da boca
GERANIUM	Egocentrismo	Visão
GERANIUM	Desejo de agradar	Constritor cardíaco
GERMAN CHAMOMILE	Desassociação	Alma *(C2)*
GERMAN CHAMOMILE	Hipersensibilidade	Suprarrenais
GINGER	Falta	Placas de Peyer
GOLDENROD	Sentir-se indefeso	Córtex suprarrenal
GRAPEFRUIT	Desconforto	Cordas tendíneas do coração
GRATITUDE	Não ser seguro *(ser eu, estar no meu corpo, expressar minha essência, viver neste mundo)*	Ovários/testículos
GRATITUDE *ou* GALBANUM	Desprezo	Válvula ileocecal
GROUNDING	Tédio	Parasitas

Óleos Essenciais

ÓLEO	EMOÇÃO	PONTO DE ALARME
GROUNDING	Sentir-se perdido	Fonte
HARMONY	Ignorado *(ser)*	Estreptococo
HARMONY	Sentir-se esmagado	Sangue
HARMONY	Hostilidade	Harmonia
HARMONY	Punição *(medo de)* / Autopunição	Tubas uterinas/vesícula seminal
HARMONY	Sarcasmo	Cérebro
HARMONY *ou* **CHIVALRY**	Teimosia	Estômago
HELICHRYSUM	Morrer/viver *(medo de)*	Artérias
HELICHRYSUM	Verdade *(medo de ouvir)*	Tuba auditiva
HELICHRYSUM	Integridade *(falta de)*	Cérebro
HELICHRYSUM	Irresponsabilidade	Tuba auditiva
HIGHER UNITY BLEND	Fuga	Córtex suprarrenal
HIGHEST POTENTIAL	Incômodo	Coragem
HIGHEST POTENTIAL	Desunião	Intestino delgado
HIGHEST POTENTIAL	Acerto de contas	Tireoide
HIGHEST POTENTIAL *ou* **CHIVALRY**	Sentir-se incapacitado	Rins
HINOKI	Sentir-se incapacitado	Osso sacro
HONG KUAI	Esforço inútil	Espinha dorsal
HOPE	Cegueira	Linfa ocular
HOPE	Respeito *(falta de)*	Percepção sensorial
HOPE	Sentir-se inútil	Hipotálamo
HUMILITY	Menos que *(ser)*	Medula cerebral
HUMILITY	Não ser bom o bastante	Pericárdio
HUMILITY	Cansaço	Duto pancreático
HUMILITY *ou* **OCOTEA**	Sentir-se insultado	Ego
HYSSOP	Emoções, engolir	Epiglote
IDAHO BALSAM FIR *ou* **IDAHO BLUE SPRUCE**	Sentir-se espalhado em pedaços	Centro cardíaco e terceiro olho
IDAHO BALSAM FIR *ou* **IDAHO BLUE SPRUCE**	Separação	Vértice – oitavo chacra
IDAHO BALSAM FIR *ou* **IDAHO BLUE SPRUCE** *ou* **DOUGLAS FIR**	Inadequação	GV-20
IDAHO BALSAM FIR *ou* **JUVAFLEX** *ou* **WINTERGREEN**	Falta de apoio	Ligamentos

ÓLEO	EMOÇÃO	PONTO DE ALARME
IDAHO BLUE SPRUCE *ou* IDAHO BALSAM FIR	Sentir-se espalhado em pedaços	Centro cardíaco e terceiro olho
IDAHO BLUE SPRUCE *ou* IDAHO BALSAM FIR	Separação	Vértice – oitavo chacra
IDAHO BLUE SPRUCE *ou* IDAHO BALSAM FIR *ou* DOUGLAS FIR	Inadequação	GV-20
IDAHO TANSY	Ceticismo	Medula óssea
IDAHO TANSY *ou* IDAHO BLUE TANSY	Mal-entendido	Cordas vocais
IMMUPOWER	Sacrificar-se	Líquido cefalorraquidiano *(GV-19)*
INNER CHILD	Memória celular *(apagar)*	DNA
INNER CHILD	Deserção	RNA
INNER CHILD	Distorção	Inocência
INNER CHILD	Energia irregular	Duodeno
INSPIRATION	Fadiga	Força vital
INSPIRATION	Paralisia	Medula cerebral
INSPIRATION	Arrastar-se	Ossos auriculares
INTO THE FUTURE	Limitação	Infecção
JADE LEMON	Estar briguento	Pulmões
JASMINE	Usado *(ser)*	CX em CV-5
JASMINE	Sem valor *(sentir-se)*	Ponte
JOURNEY ON	Perda de si mesmo	Ovários/testículos
JOY	Ansiedade	Capilares
JOY	Desapontamento	Brônquios
JOY	Luto	Adenoides
JOY	Incongruência	Ouvido externo
JOY	Julgamento	Plexo solar
JOY	Sentir-se miserável	Duto hepático
JUNIPER	Supressão	Rins
JUVA CLEANSE *ou* CELERY SEED	Ambivalência	Hipocampo
JUVA FLEX	Sentir-se culpado por alguma coisa	Toxicidade
JUVA FLEX	Não se sentir apreciado	Pulmões
JUVAFLEX *ou* BIRCH	Privação	Articulações/cartilagens
JUVAFLEX *ou* BIRCH	Falta de apoio	Ligamentos

ÓLEO	EMOÇÃO	PONTO DE ALARME
JUVAFLEX ou BIRCH	Autoridade *(rebelar-se contra ou ressentir-se de)*	Ossos
KUNZEA	Estar com problemas	Centro cardíaco
LAURUS NOBILIS ou WHITE ANGELICA	Mudança de consciência	Aorta
LAURUS NOBILIS ou WHITE ANGELICA	Implacabilidade	Protetor cardíaco
LAVENDER	Abandono	Intestino delgado
LAVENDER	Criticismo	Pele
LAVENDER	Desdobramento *(medo de)*	Núcleos da rafe
LEGACY ou MYRRH	Dificuldade	Espinha ilíaca superior posterior
LEGACY ou PEPPERMINT	Rigidez	Metais pesados
LEGACY ou OREGANO	Toxicidade *(química, eletromagnética, emocional)*	Conector
LEDUM	Insatisfação	Magia
LEDUM	Ódio	Duto hepático
LEDUM	Ingratidão	Baço
LEMON	Sentir-se deixado para trás	Linfa
LEMON	Sentir-se no direito a algo	Paratireoides
LEMON	Desapegar-se *(medo de)*	Espinha dorsal
LEMON	Vazio *(sentimento)*	Peito
LEMON	Frustração	Colédoco
LEMON	Falta de confiabilidade *(medo de não poder confiar na vida)*	Inconsciente
LEMON	Arrependimento/remorso *(culpar-se)*	Amígdalas (Tonsilas)
LEMON	Tristeza	Sistema nervoso central/linfático
LEMON	Sentir-se travado	Seios paranasais
LEMON	Sufocamento	Pleura
LEMONGRASS	Ressentimento	Duto hepático
LEMONGRASS	"Eu deveria..."	Tendões
LEMON MYRTLE	Procrastinação	Intestino grosso
LIGHT THE FIRE	Falta de sentido	Hipotálamo
LIME	Sentir-se menosprezado	Visão
LIME	Falta de motivação	Pulmões
LIVE WITH PASSION	Temor	Artérias

ÓLEO	EMOÇÃO	PONTO DE ALARME
LIVE WITH PASSION	Sentir-se ferido	Criatividade
LIVE WITH PASSION	Sentir-se pressionado	RNA
LIVE YOUR PASSION	Auto traição	Vontade em C5
LONGEVITY	Sufocamento	Vibração
MAGNIFY YOUR PURPOSE	Confusão	Integração
MAGNIFY YOUR PURPOSE	Confusão	Integração
MAGNIFY YOUR PURPOSE	Ser vítima *(Consciência de)*	Alergia
MANUKA *ou* MYRTLE	Vida *(supressão da)*	Chi
MARJORAM	Desconexão	Umbigo/fungos
MARJORAM	Suspeita	Núcleos da rafe
MARJORAM	Falta de realização	Fontanela posterior
MASTRANTE	Incerteza	Ponte
MELALEUCA ERICIFOLIA *ou* (ROSALINA) TEA TREE	Ausência de empoderamento	C1
MELALEUCA ERICIFOLIA (ROSALINA) *ou* TEA TREE	Estupidez	Tálamo
MELALEUCA QUINQUENERVIA	Autodestruição	*Locus ceruleus*
MELISSA	Choque	Terceiro olho
MELISSA *ou* SPIKENARD	Afastamento das pessoas	Cordas tendíneas do coração
MELROSE	Impaciência	Sistema imune
MELROSE	Dano físico	Periósteo
MOTIVATION	Inércia	Coragem
MOUNTAIN SAVORY	Obstinação	Fígado
MYRRH	Encarar o mundo *(medo de)*	Suprarrenais
MYRRH *ou* LEGACY	Dificuldade	Espinha ilíaca superior posterior
MYRTLE *ou* MANUKA	Vida *(supressão da)*	Chi
NORTHERN LIGHTS BLUE SPRUCE *ou* NORTHERN LIGHTS BLACK SPRUCE *ou* IDAHO BLUE SPRUCE	Ataque *(psíquico)*	Filtro
NUTMEG *ou* EN-R-GEE	Exaustão suprarrenal	Suprarrenais
OCOTEA *ou* HUMILITY	Sentir-se insultado	Ego
ONYCHA *ou* SANDALWOOD	Terror	Peritônio
ORANGE	Ridículo	Cordas tendíneas do coração
OREGANO	Sentir-se completo *(medo de)*	Fontanela anterior
OREGANO *ou* LEGACY	Toxicidade	Conector
OREGANO	Vulnerabilidade	Sistema de ativação reticular

ÓLEO	EMOÇÃO	PONTO DE ALARME
PALO SANTO	Angústia	Coração
PALO SANTO	Descarrilamento/Limbo	Terceiro olho
PALO SANTO	Incompetência	Cérebro
PALO SANTO	Limbo	Terceiro olho
PALO SANTO	Obliteração	Garganta e constritor cardíaco
PALO SANTO	Feitiçaria	Protetor cardíaco
PANAWAY	Exaustão	Músculos
PANAWAY	Emoções *(medo de)*	Fáscias
PANAWAY	Dor	Dano físico
PATCHOULI	Colapso	Integração cerebral
PEACE & CALMING (II)	Vício	Cérebro
PEACE & CALMING (II)	Vontade de discutir	Tireoide
PEACE & CALMING (II)	Vítima *(ser)*	Nervos
PEACE & CALMING (II)	Depressão	Depressão
PEACE & CALMING (II)	Indecisão	Vontade superior em C-3
PEACE & CALMING (II)	Controle	Estômago
PEACE & CALMING (II)	Instabilidade emocional	Hormônios
PEACE & CALMING (II)	Medo	Esôfago
PEPPER, BLACK	Buraco negro *(estar em um)*	Porção mastoide do osso temporal
PEPPERMINT	Fracasso	Timo
PEPPERMINT	Dependência *(medo de)*	Tálamo
PEPPERMINT	Restrição	Medula cerebral
PEPPERMINT *ou* LEGACY	Rigidez	Metais pesados (espinha ilíaca anterossuperior)
PINE	Sem importância *(ser)*	Mucosas
PINE	Degradação	Glóbulos brancos
PRESENT TIME	Sentir-se abalado	Periósteo
PRESENT TIME	Ilusão	Vírus
PRESENT TIME	Perda	Articulação temporomandibular
PRESENT TIME	Malícia	Protetor cardíaco
PRESENT TIME	Emoções reprimidas ou acumuladas	Cólon sigmoide
PRESENT TIME	Mudanças *(resistência a)*	Reto
PRESENT TIME	Tomar as coisas por garantidas	Gengiva/dentes
PURIFICATION	Raiva	Fígado
PURIFICATION	Sozinho *(estar)*	Estafilococo
PURIFICATION	Rejeição	Pulmões

ÓLEO	EMOÇÃO	PONTO DE ALARME
PURIFICATION	Ver *(medo de)*	Olhar *(apenas pés e mãos)*
PURIFICATION	Pensamentos errôneos/negativos	Bactérias
PURIFICATION	Reconhecimento	Filtro
PURIFICATION	Violência	Fígado
RAVEN	Desconforto	Seios paranasais
RAVENSARA *ou* RAVINTSARA	Sentir-se enganado	Olhos/lobo occipital
RAVINTSARA *ou* RAVENSARA	Sentir-se enganado	Olhos/lobo occipital
RC	Esgotamento	Linfedema
RELEASE	Abatimento	Pleura
RELEASE	Sucesso *(medo do)*	Intestino grosso
RELEASE	Conter *(o fluxo universal)*	Traqueia
RELEASE	Identidade *(perda de)*	Útero/próstata
RELEASE	Amor *(condicional — com um propósito)*	Olhos/lobo occipital
RELEASE	Rebelião	Vértice– Sétimo chacra
RELEASE	Sentir-se errado	Baço acessório
RELIEVE IT	Trauma	Miocárdio
ROMAN CHAMOMILE	Estar petrificado	Colo do útero/pênis
ROMAN CHAMOMILE	Não se sentir bem-vindo	Aorta
ROSE	Desintegração	Vírus
ROSE	Intimidade *(medo de)*	Centro cardíaco
ROSEMARY	Sabotagem, própria ou por outros	*Locus ceruleus*
ROSEWOOD *ou* TEA TREE	Agitação	Pressão sanguínea
ROSEWOOD *ou* TEA TREE	Visão estreita	Porção mastoide do osso temporal
ROYAL HAWAIIAN SANDALWOOD *ou* SANDALWOOD	Codependência	Integração emocional
ROYAL HAWAIIAN SANDALWOOD *ou* SANDALWOOD	Medo	Terceiro olho
ROYAL HAWAIIAN SANDALWOOD *ou* LIVE WITH PASSION	Temor	Artérias
RUTAVALA	Sentir-se assustado	Ego
RUTAVALA	Sentir-se sem vida	Hara
SACRED FRANKINCENSE	Desamparo	Visão

ÓLEO	EMOÇÃO	PONTO DE ALARME
SACRED FRANKINCENSE	Sentir-se indesejado	Ego
SACRED MOUNTAIN	Consciência coletiva *(ser parte de)*	Plexo solar – Terceiro chacra
SACRED MOUNTAIN	Colocar-se em risco	Alma
SACRED MOUNTAIN	Ouvir *(medo de)*	Ouvido interno
SACRED MOUNTAIN	Abrir-se *(medo de)*	Garganta
SACRED MOUNTAIN	Desconhecido *(medo do)*	Glândula pineal
SACRED MOUNTAIN	Injustiça	Tireoide
SACRED SANDALWOOD *ou* GALBANUM	Desprezo	Válvula ileocecal
SACRED SANDALWOOD *ou* SANDALWOOD	Fé *(falta de)*	Terceiro olho
SAGE	Deixar para trás	Bexiga
SANDALWOOD *ou* ONYCHA	Terror	Peritônio
SANDALWOOD *ou* ROYAL HAWAIIAN SANDALWOOD	Codependência	Integração emocional
SANDALWOOD *ou* ROYAL HAWAIIAN SANDALWOOD	Medo	Terceiro olho
SANDALWOOD *ou* SACRED SANDALWOOD	Fé *(falta de)*	Terceiro olho
ROYAL HAWAIIAN SANDALWOOD *ou* SANDALWOOD *ou* LIVE WITH PASSION	Temor	Artérias
SARA	Abuso	Memória celular
SARA	Aceitação	Ponto emocional
SARA	Expectativas	Bexiga — segundo chacra
SENSATION	Sentir-se violado	Útero/próstata
SHUTRAN *ou* YLANG-YLANG	Impotência	Útero/próstata
SPEARMINT	Preguiça	Duto pancreático
SPIKENARD *ou* MELISSA	Afastamento das pessoas	Coração
SPIKENARD *ou* EGYPTIAN GOLD	Vontade *(mau uso da)*	Discos intervertebrais
SPIKENARD *ou* EGYPTIAN GOLD	Poder *(figuras de autoridade)*	Raiz nervosa
STRESS AWAY	Crueldade	Leveduras/umbigo
SURRENDER	Paranoia	Esôfago
SURRENDER	Resistência *(medo de movimento)*	Amígdala cerebral

ÓLEO	EMOÇÃO	PONTO DE ALARME
TANSY, IDAHO ou IDAHO BLUE TANSY	Mal-entendido	Cordas vocais
TARRAGON	Sentir-se atormentado	Nervos
TEA TREE ou MELALEUCA ERICIFOLIA (ROSALINA)	Ausência de empoderamento	C1
TEA TREE ou MELALEUCA ERICIFOLIA (ROSALINA)	Estupidez	Tálamo
TEA TREE ou ROSEWOOD	Agitação	Pressão sanguínea
TEA TREE ou ROSEWOOD	Visão estreita	Porção mastoide do osso temporal
3 WISE MEN	Desespero	Diafragma
3 WISE MEN	Amor *(medo de, ou sentir que não pode ser amado)*	Rins
3 WISE MEN	Inferioridade	Válvula ileocecal
TANSY, IDAHO	Mal-entendido	Cordas vocais
THIEVES	Sentir ser diferente	Fungos
THIEVES	Furtividade	Colédoco
THIEVES	Incerteza	Glândulas salivares
THYME	Proteção *(não ter)*	Memória celular
TRANSFORMATION	Não poder	Vírus
TRANSFORMATION	Comprometimento	Ego
TRANSFORMATION	Cinismo	Intestino delgado
TRANSFORMATION	Limitação	Chi
TRANSFORMATION	Estagnação	Chi
TRANSFORMATION	Sentir-se preso	Plexo solar
TRANSFORMATION	"De que adianta?"	Baço
TRAUMA LIFE	Pânico	Pressão sanguínea
TSUGA	Sentir-se derrotado	Sistema nervoso central/linfático
VALERIAN	Insônia	Pineal
VALOR ou VALOR II	Agressão	Córtex suprarrenal
VALOR ou VALOR II	Estar na defensiva	Estômago
VALOR ou VALOR II	Conflito *(medo de)*	Córtex suprarrenal
VALOR ou VALOR II	Lidar *(incapacidade de)*	Glóbulos Brancos
VALOR ou VALOR II	Perder uma batalha	Corpo físico
VALOR ou VALOR II	Perseguição	Rins
VALOR ou VALOR II	Resignação	Diafragma
VALOR ou VALOR II	Fraqueza *(aparentar)*	Ovários/testículos
VALOR ou VALOR II	Retrair-se	Glândula pineal

Óleos Essenciais

ÓLEO	EMOÇÃO	PONTO DE ALARME
VETIVER	Mente hiperativa ou acelerada	Olho no lobo parietal
VETIVER	Propósito *(não atingir)*	Pituitária
WESTERN *ou* CANADIAN RED CEDAR *ou* CEDARWOOD	Falta de realização	Vontade em C-5
WESTERN *ou* CANADIAN RED CEDAR *ou* CEDARWOOD	Sobrevivência	Colo do útero/pênis – primeiro chacra
WHITE ANGELICA *ou* LAURUS NOBILIS	Mudança de consciência	Aorta
WHITE ANGELICA	Crise	Esôfago
WHITE ANGELICA	Desarmonia	Paratireoides
WHITE ANGELICA	Ganância	Constrição cardíaca – quarto chacra
WHITE ANGELICA	Solidão	Coração
WHITE ANGELICA	Sentir-se patético	Aorta
WHITE ANGELICA *ou* LAURUS NOBILIS	Rejeição	Pulmões
WHITE ANGELICA *ou* LAURUS NOBILIS	Implacabilidade	Protetor cardíaco
WHITE ANGELICA	Resolução	Fibras Transversais
WHITE ANGELICA	Vergonha	Hipotálamo
WHITE ANGELICA	Compaixão	Plexo solar
WHITE ANGELICA	Fraqueza	Fontanela anterior, constritor cardíaco, nervos, filtro
WHITE FIR *ou* DOUGLAS FIR *ou* IDAHO BALSAM FIR *ou* IDAHO BLUE SPRUCE	Inadequação	GV-20
WINTERGREEN	Falta de apoio	Ligamentos
XIANG MAO	Egoísmo	Vértice
YLANG-YLANG	Esgotamento	Miocárdio
YLANG-YLANG	Sabedoria *(medo da)*	Pituitária
YLANG-YLANG	Possessividade	Pomo de adão – quinto chacra
YLANG-YLANG *ou* SHUTRAN	Impotência	Útero/próstata

Referências do corpo

REFERÊNCIAS DO CORPO
Pontos de alarme do corpo com emoções e óleos relacionados

PONTO DE ALARME	ÓLEO	EMOÇÃO
ADENOIDE	Joy	Luto
ALERGIA	Magnify Your Purpose	Ser vítima *(consciência de)*
ALMA	Sacred Mountain	Colocar-se em risco
ALMA (C2)	German Chamomile	Desassociação
AMÍGDALA CEREBRAL	Surrender	Resistência *(medo de movimento)*
AMÍGDALAS	Lemon	Arrependimento/remorso *(culpar-se)*
AORTA	Laurus Nobilis *ou* White Angelica	Mudança de consciência
AORTA	Laurus Nobilis *ou* White Angelica	Sentir-se patético
AORTA	Roman Chamomile	Não se sentir bem-vindo
APÊNDICE	Di Gize *ou* Di Tone	Desilusão
ARTÉRIAS	Helichrysum	Morrer/viver *(medo de)*
ARTÉRIAS	Live with Passion *ou* Royal Hawaiian Sandalwood *ou* Sandalwood	Temor
ARTICULAÇÃO TEMPOROMANDIBULAR	Present time	Perda
ARTICULAÇÕES/ CARTILAGENS	JuvaFlex *ou* Birch	Privação
BAÇO	Believe	Desonestidade
BAÇO	Clarity	Culpa
BAÇO	Ledum	Ingratidão
BAÇO	Transformation	"De que adianta?"
BAÇO ACESSÓRIO	Release	Sentir-se errado
BACTÉRIAS	Purification	Pensamentos errôneos/negativos
BEXIGA	Australian Blue	Sentir-se sem chão
BEXIGA	Eucalyptus Blue	Sensação de paralisia
BEXIGA	Sage	Deixar para trás
BEXIGA – segundo chacra	SARA	Expectativas
BRÔNQUIOS	Acceptance	Tristeza
BRÔNQUIOS	Australian Blue	Asco
BRÔNQUIOS	Joy	Desapontamento
CABEÇA DO PÂNCREAS	Cinnamon Bark	Irritação
CABEÇA DO PÂNCREAS	Dill	Indignação
CANAL ENERGÉTICO	Cistus (Rose of Sharon)	Sentir-se um salvador

PONTO DE ALARME	ÓLEO	EMOÇÃO
CAPILARES	Joy	Ansiedade
CENTRO CARDÍACO	Abundance	Não ser o bastante
CENTRO CARDÍACO	Kunzea	Estar com problemas
CENTRO CARDÍACO	Rose	Intimidade *(medo de)*
CENTRO CARDÍACO E TERCEIRO OLHO	Idaho Balsam Fir *ou* Idaho Blue Spruce	Sentir-se espalhado em pedaços
CÉREBRO	Harmony	Sarcasmo
CÉREBRO	Helichrysum	Integridade *(falta de)*
CÉREBRO	Palo Santo	Incompetência
CÉREBRO	Peace & Calming	Vício
CÉU DA BOCA	Brain Power *ou* Geneyus	Confusão mental
CHI	Myrtle *ou* Manuka	Vida *(supressão da)*
CHI	Transformation	Limitação
CHI	Transformation	Estagnação
CI	Forgiveness	Negação de si mesmo
CI	Melaleuca Ericifolia (Rosalina)	Ausência de empoderamento
COLÉDOCO	Lemon	Frustração
COLÉDOCO	Thieves	Furtividade
COLO DO ÚTERO /PÊNIS – primeiro chacra	Cedarwood *ou* Western *ou* Canadian Red Cedar	Sobrevivência
COLO DO ÚTERO/PÊNIS	Roman Chamomile	Estar petrificado
CÓLON SIGMOIDE	Present time	Emoções reprimidas *ou* acumuladas
CONECTOR	Legacy *ou* Oregano	Toxicidade *(química, eletromagnética, emocional)*
CONSTRITOR CARDÍACO	Exodus II	Saudades
CONSTRITOR CARDÍACO	Geranium	Desejo de agradar
CONSTRITOR CARDÍACO	Palo Santo	Obliteração
CONSTRITOR CARDÍACO	White Angelica	Fraqueza
CONSTRITOR CARDÍACO – quarto chacra	White Angelica	Ganância
CORAÇÃO	Palo Santo	Angústia
CORAÇÃO	White Angelica	Solidão
CORAGEM	Highest Potential	Incômodo
CORAGEM	Motivation	Inércia
CORDAS TENDÍNEAS DO CORAÇÃO	Build Your Dream	Opressão

PONTO DE ALARME	ÓLEO	EMOÇÃO
CORDAS TENDÍNEAS DO CORAÇÃO	Grapefruit	Desconforto
CORDAS TENDÍNEAS DO CORAÇÃO	Orange	Ridículo
CORDAS TENDÍNEAS DO CORAÇÃO	Relieve it	Trauma
CORDAS TENDÍNEAS DO CORAÇÃO	Spikenard *ou* Melissa	Afastamento das pessoas
CORDAS TENDÍNEAS DO CORAÇÃO	Ylang-Ylang	Esgotamento
CORDAS VOCAIS	Idaho Tansy *ou* Idaho Blue Tansy	Mal-entendido
CORPO FÍSICO	Valor *ou* Valor II	Perder uma batalha
CÓRTEX SUPRARRENAL	Dragon Time	Fúria
CÓRTEX SUPRARRENAL	Goldenrod	Sentir-se indefeso
CÓRTEX SUPRARRENAL	Higher Unity Blend	Fuga
CÓRTEX SUPRARRENAL	Valor *ou* Valor II	Agressão
CÓRTEX SUPRARRENAL	Valor *ou* Valor II	Conflito *(medo de)*
CRIATIVIDADE	Live with Passion	Sentir-se ferido
DANO FÍSICO	PanAway	Dor
DEPRESSÃO	Peace & Calming	Depressão
DIAFRAGMA	3 Wise Men	Desespero
DIAFRAGMA	Valor *ou* Valor II	Resignação
DISCOS INTERVERTEBRAIS	Spikenard *ou* Egyptian Gold	Vontade *(mau uso da)*
DNA	Inner Child	Memória celular *(apagar)*
DUODENO	Inner Child	Energia irregular
DUTO HEPÁTICO	Joy	Sentir-se miserável
DUTO HEPÁTICO	Ledum	Ódio
DUTO HEPÁTICO	Lemongrass	Ressentimento
DUTO PANCREÁTICO	Humility	Cansaço
DUTO PANCREÁTICO	Spearmint	Preguiça
EGO	Frankincense	"Vá se f—"
EGO	Ocotea *ou* Humility	Insulto
EGO	RutaVaLa	Sentir-se assustado
EGO	Sacred Frankincense	Sentir-se indesejado
EGO	Transformation	Comprometimento
EPIGLOTE	Hyssop	Emoções, engolir
ESÔFAGO	Abundance	Preocupação

PONTO DE ALARME	ÓLEO	EMOÇÃO
ESÔFAGO	Peace & Calming	Medo
ESÔFAGO	Surrender	Paranoia
ESÔFAGO	White Angelica	Crise
ESPINHA DORSAL	Citronella	Vacilação
ESPINHA DORSAL	Copaiba	Mentiras
ESPINHA DORSAL	Hong Kuai	Esforço inútil
ESPINHA DORSAL	Lemon	Desapegar-se *(medo de)*
ESPINHA ILÍACA SUPERIOR POSTERIOR	Legacy *ou* Myrrh	Dificuldade
ESTAFILOCOCO	Purification	Sozinho *(estar)*
ESTÔMAGO	Chivalry *ou* Harmony	Teimosia
ESTÔMAGO	Copaiba	Não conseguir se satisfazer
ESTÔMAGO	Peace & Calming	Controle *(medo de perder)*
ESTÔMAGO	Valor *ou* Valor II	Estar na defensiva
ESTREPTOCOCO	Harmony	Ignorado *(ser)*
FÁSCIAS	PanAway	Emoções *(medo de)*
FIBRAS TRANSVERSAIS	White Angelica	Resolução
FÍGADO	Mountain Savory	Obstinação
FÍGADO	Purification	Raiva
FÍGADO	Purification	Violência
FILTRO	Northern Lights Blue Spruce *ou* Northern Lights Black Spruce *ou* Idaho Blue Spruce	Ataque *(psíquico)*
FILTRO	Purification	Reconhecimento
FILTRO	White Angelica	Fraqueza
FONTANELA ANTERIOR	Oregano	Sentir-se completo *(medo de)*
FONTANELA ANTERIOR	Patchouli	Sentir-se desafiador
FONTANELA ANTERIOR	White Angelica	Fraqueza
FONTANELA POSTERIOR	Marjoram	Falta de realização
FONTE	Grounding	Sentir-se perdido
FORÇA VITAL	Inspiration	Fadiga
FUNGOS	Acceptance	Percepção errada
FUNGOS	Thieves	Sentir ser diferente
GARGANTA	Palo Santo	Obliteração
GARGANTA	Sacred Mountain	Abrir-se *(medo de)*
GENGIVA/DENTES	Frankincense	Sem valor *(sentir-se)*
GENGIVA/DENTES	Present time	Tomar as coisas por garantidas

PONTO DE ALARME	ÓLEO	EMOÇÃO
GLÂNDULAS SALIVARES	Thieves	Incerteza
GLÓBULOS BRANCOS	Pine	Degradação
GLÓBULOS BRANCOS	Valor *ou* Valor II	Lidar *(incapacidade de)*
GV-20	White Fir *ou* Idaho Balsam Fir	Inadequação
HARA	RutaVaLa	Sentir-se sem vida
HARMONIA	Harmony	Hostilidade
HARMONIA	White Lotus	Harmonia
HIPOCAMPO	Brain Power *ou* Geneyus	Apatia
HIPOCAMPO	Celery Seed *ou* Juva Cleanse	Ambivalência
HIPOTÁLAMO	Acceptance	Embaraço
HIPOTÁLAMO	Cinnamon Bark	Obrigação
HIPOTÁLAMO	Hope	Sentir-se inútil
HIPOTÁLAMO	Light the Fire	Falta de sentido
HIPOTÁLAMO	White Angelica	Vergonha
HIPOTÁLAMO – sexto chacra	Cedarwood	Presunção
HORMÔNIOS	Bergamot	Carência
HORMÔNIOS	Blue Tansy *ou* Idaho Tansy	Intimidação
HORMÔNIOS	Peace & Calming	Instabilidade emocional
ÍLEO	Acceptance	Insegurança
ÍLEO	Cardamom	Autopiedade
ÍLEO	Common Sense	Controlar pelo ataque
INCONSCIENTE	Aroma Siez	Inconsistência
INCONSCIENTE	Lemon	Falta de confiabilidade *(medo de não poder confiar na vida)*
INFECÇÃO	Into The Future	Limitação
INOCÊNCIA	Cistus (Rose of Sharon)	Sentir-se um salvador
INOCÊNCIA	Inner Child	Distorção
INTEGRAÇÃO	Magnify Your Purpose	Confusão
INTEGRAÇÃO CEREBRAL	Clarity	Estresse *(emocional)*
INTEGRAÇÃO CEREBRAL	Patchouli	Colapso
INTEGRAÇÃO DA ALMA	Awaken	Expansão
INTEGRAÇÃO EMOCIONAL	Sandalwood *ou* Royal Hawaiian Sandalwood	Codependência
INTESTINO DELGADO	Cinnamon Bark	Fraude
INTESTINO DELGADO	Highest Potential	Desunião
INTESTINO DELGADO	Lavender	Abandono
INTESTINO DELGADO	Transformation	Cinismo

Óleos Essenciais

PONTO DE ALARME	ÓLEO	EMOÇÃO
INTESTINO GROSSO	Acceptance	Desaprovação
INTESTINO GROSSO	Lemon Myrtle	Procrastinação
INTESTINO GROSSO	Release	Sucesso *(medo do)*
INTUIÇÃO	Envision	Confinamento
LARINGE	Dream Catcher	Manifestação
LEVEDURAS/UMBIGO	En-R-Gee	Conexão
LEVEDURAS/UMBIGO	Marjoram	Desconexão
LEVEDURAS/UMBIGO	Stress Away	Crueldade
LIGAMENTOS	Birch *ou* JuvaFlex *ou* Idaho Balsam Fir *ou* Wintergreen	Falta de apoio
LINFA	Lemon	Sentir-se deixado para trás
LINFA OCULAR	Hope	Cegueira
LINFEDEMA	RC	Esgotamento
LÍNGUA	Clove	Explodir com as pessoas
LÍQUIDO CEFALORRAQUIDIANO	Australian Kuranya	Desencorajamento
LÍQUIDO CEFALORRAQUIDIANO	ImmuPower	Sacrificar-se
LOCUS CERULEUS	Melaloeuca Quinquenervia	Autodestruição
LOCUS CERULEUS	Rosemary	Sabotagem *(própria ou por outros)*
MAGIA	Exodus II	Submissão a outros
MAGIA	Ledum	Insatisfação
MEDULA CEREBRAL	Humility	Menos que *(ser)*
MEDULA CEREBRAL	Inspiration	Paralisia
MEDULA CEREBRAL	Peppermint	Restrição
MEDULA ÓSSEA	Awaken	Desesperança
MEDULA ÓSSEA	Fullfill Your Destiny	Grosseria
MEDULA ÓSSEA	Idaho Tansy	Ceticismo
MEMÓRIA CELULAR	Abundance	Pobreza
MEMÓRIA CELULAR	SARA	Abuso *(todos/qualquer; sexual, ritual, emocional)*
MEMÓRIA CELULAR	Thyme	Proteção *(não ter)*
MENINGES	Gathering	Escravidão
METAIS PESADOS	Legacy *ou* Peppermint	Rigidez
MUCOSAS	Pine	Sem Importância *(ser)*
MÚSCULOS	PanAway	Exaustão
NERVOS	Peace & Calming	Vítima *(ser)*

PONTO DE ALARME	ÓLEO	EMOÇÃO
NERVOS	Tarragon	Sentir-se atormentado
NERVOS	White Angelica	Fraqueza
NÚCLEOS DA RAFE	Lavender	Desdobramento *(medo de)*
NÚCLEOS DA RAFE	Marjoram	Suspeita
OLHAR (apenas pés e mãos)	Purification	Ver *(medo de)*
OLHO NO LOBO PARIETAL	Abundance	Debater-se
OLHO NO LOBO PARIETAL	Vetiver	Mente hiperativa *ou* acelerada
OLHOS/LOBO OCCIPITAL	Eucalyptus Blue	Emoções, suprimir
OLHOS/LOBO OCCIPITAL	Ravensara *ou* Ravintsara	Sentir-se enganado
OLHOS/LOBO OCCIPITAL	Release	Amor *(condicional — com um propósito)*
OSSO SACRO	Hinoki	Sentir-se incapacitado
OSSOS	Birch *ou* Juva Flex	Autoridade *(rebelar-se contra ou ressentir-se)*
OSSOS AURICULARES	Inspiration	Arrastar-se
OSSOS AURICULARES	Inspiration	Arrastar-se
OUVIDO EXTERNO	Joy	Incongruência
OUVIDO INTERNO	Sacred Mountain	Ouvir *(medo de)*
OUVIDO INTERNO	Sacred Mountain	Ouvir *(medo de)*
OUVIDO MÉDIO	Frankincense	Tontura *(vertigem)*
OUVIDO MÉDIO	Frankincense	Tontura *(vertigem)*
OVÁRIOS/TESTÍCULOS	Carrot Seed	Sentir-se engolido
OVÁRIOS/TESTÍCULOS	Clarity	Repressão
OVÁRIOS/TESTÍCULOS	Gratitude	Não ser seguro *(ser eu, estar no meu corpo, expressar minha essência, viver neste mundo)*
OVÁRIOS/TESTÍCULOS	Journey On	Perda de si mesmo
OVÁRIOS/TESTÍCULOS	Valor *ou* Valor II	Fraqueza *(aparentar)*
PÂNCREAS	Citrus Fresh	Não querer estar aqui
PÂNCREAS	Fennel	Recusa
PÂNCREAS	Forgiveness	Traição
PARASITAS	Grounding	Tédio
PARATIREOIDES	Lemon	Sentir-se no direito a algo
PARATIREOIDES	White Angelica	Desarmonia
PARÓTIDAS	Eucalyptus (Globulus)	Amarras *(medo de)*
PEITO	Lemon	Vazio *(sentimento)*
PELE	Lavender	Criticismo

PONTO DE ALARME	ÓLEO	EMOÇÃO
PELE	Magnify Your Purpose	Humilhação
PERCEPÇÃO SENSORIAL	Hope	Respeito *(falta de)*
PERICÁRDIO	Humility	Não ser bom o bastante
PERIÓSTEO	Melrose	Dano físico
PERIÓSTEO	Present time	Sentir-se abalado
PERITÔNEO	Onycha *ou* Sandalwood	Terror
PINEAL	Sacred Mountain	Desconhecido *(medo do)*
PINEAL	Valerian	Insônia
PINEAL	Valor *ou* Valor II	Retrair-se
PITUITÁRIA	Vetiver	Propósito *(não atingir)*
PITUITÁRIA	Ylang-Ylang	Sabedoria *(medo de)*
PLACAS DE PEYER	Ginger	Falta
PLEURA	Eucalyptus Radiata	Estresse *(físico)*
PLEURA	Lemon	Sufocamento
PLEURA	Release	Abatimento
PLEXO SOLAR	Acceptance	Não pertencimento
PLEXO SOLAR	Celebration	Intimidado
PLEXO SOLAR	Exodus II	Sensação de estar condenado
PLEXO SOLAR	Joy	Julgamento
PLEXO SOLAR	Transformation	Sentir-se preso
PLEXO SOLAR	White Angelica	Compaixão
PLEXO SOLAR – Terceiro chacra	Sacred Mountain	Consciência coletiva *(ser parte de)*
POMO-DE-ADÃO	Abundance	Escassez
POMO-DE-ADÃO – quinto chacra	Ylang-Ylang	Possessividade
PONTE	Dorado Azul *ou* Forgiveness	Vingança
PONTE	Jasmine	Sem valor *(sentir-se)*
PONTE	Mastrante	Incerteza
PONTO EMOCIONAL	SARA	Aceitação
PORÇÃO MASTOIDE DO OSSO TEMPORAL	Black Pepper	Buraco negro *(estar em um)*
PORÇÃO MASTOIDE DO OSSO TEMPORAL	Rosewood *ou* Tea Tree	Visão estreita
PORTA SACRAL	Awaken	Conexão interdimensional
PRESSÃO SANGUÍNEA	Forgiveness	Incapacidade de perdoar
PRESSÃO SANGUÍNEA	Rosewood *ou* Tea Tree	Agitação

PONTO DE ALARME	ÓLEO	EMOÇÃO
PRESSÃO SANGUÍNEA	Trauma Life	Pânico
PRIMEIRA COSTELA	Basil	Manipulação
PRÓSTATA/ÚTERO	Forgiveness	Desconfiança
PRÓSTATA/ÚTERO	Release	Identidade *(perda de)*
PRÓSTATA/ÚTERO	Sensation	Sentir-se violado
PRÓSTATA/ÚTERO	Shutran	Impotência
PROTETOR CARDÍACO	Aroma Life	Solidão
PROTETOR CARDÍACO	Laurus Nobilis *ou* White Angelica	Implacabilidade
PROTETOR CARDÍACO	Palo Santo	Feitiçaria
PROTETOR CARDÍACO	Present time	Malícia
PULMÕES	Jade Lemon	Estar briguento
PULMÕES	JuvaFlex	Não se sentir apreciado
PULMÕES	Lime	Falta de motivação
PULMÕES	Purification	Rejeição
RAIZ NERVOSA	Spikenard	Poder *(figuras de autoridade)*
RETO	Present time	Mudanças *(resistência a)*
RINS	3 Wise Men	Amor *(medo de, ou de sentir que não pode ser amado)*
RINS	Chivalry *ou* Highest Potential	Sentir-se incapacitado
RINS	Gathering	Pressentimento ruim
RINS	Juniper	Supressão
RINS	Valor *ou* Valor II	Perseguição
RNA	Inner Child	Deserção
RNA	Live with Passion	Sentir-se pressionado
SANGUE	Harmony	Sentir-se esmagado
SEIOS PARANASAIS	Lemon	Sentir-se travado
SEIOS PARANASAIS	Raven	Desconforto
SISTEMA DE ATIVAÇÃO RETICULAR	Oregano	Vulnerabilidade
SISTEMA IMUNE	Melrose	Impaciência
SISTEMA NERVOSO CENTRAL/LINFÁTICO	Lemon	Tristeza
SISTEMA NERVOSO CENTRAL/LINFÁTICO	Tsuga	Sentir-se derrotado
SUPRARRENAIS	German Chamomile	Hipersensibilidade
SUPRARRENAIS	Myrrh	Encarar o mundo *(medo de)*
SUPRARRENAIS	Nutmeg *ou* En-R-Gee	Exaustão suprarrenal

Óleos Essenciais

PONTO DE ALARME	ÓLEO	EMOÇÃO
TÁLAMO	Melaleuca Ericifolia (Rosalina)	Estupidez
TÁLAMO	Peppermint	Dependência *(medo de)*
TENDÕES	Lemongrass	"Eu deveria..."
TERCEIRO OLHO	Elemi	Desorientação diabólica
TERCEIRO OLHO	Melissa	Choque
TERCEIRO OLHO	Palo Santo	Descarrilamento/Limbo
TERCEIRO OLHO	Palo Santo	Limbo
TERCEIRO OLHO	Sandalwood *ou* Royal Hawaiian Sandalwood	Medo
TERCEIRO OLHO	Sandalwood *ou* Sacred Sandalwood	Fé *(falta de)*
TESTÍCULOS/OVÁRIOS	Carrot Seed	Sentir-se engolido
TESTÍCULOS/OVÁRIOS	Clarity	Repressão
TESTÍCULOS/OVÁRIOS	Gratitude	Não ser seguro *(ser eu, estar no meu corpo, ou viver neste mundo)*
TESTÍCULOS/OVÁRIOS	Journey On	Perda de si mesmo
TESTÍCULOS/OVÁRIOS	Valor *ou* Valor II	Fraqueza *(aparentar)*
TIMO	Peppermint	Fracasso
TIREOIDE	Davana	Sentir-se repreendido
TIREOIDE	Highest Potential	Acerto de contas
TIREOIDE	Peace & Calming	Vontade de discutir
TIREOIDE	Sacred Mountain	Injustiça
TOXICIDADE	Clary Sage	Intolerância *(geral)*
TOXICIDADE	JuvaFlex	Culpa
TRAQUEIA	Release	Conter *(o fluxo universal)*
TUBA AUDITIVA	Helichrysum	Verdade *(medo de ouvir)*
TUBA AUDITIVA	Helichrysum	Irresponsabilidade
TUBAS UTERINAS/ VESÍCULA SEMINAL	Harmony	Punição *(medo de)* / Autopunição
TUBAS UTERINAS/ VESÍCULAS SEMINAIS	Harmony	Punição *(medo de)* / Autopunição
ÚTERO/PRÓSTATA	Forgiveness	Desconfiança
ÚTERO/PRÓSTATA	Release	Identidade *(perda de)*
ÚTERO/PRÓSTATA	Sensation	Sentir-se violado
ÚTERO/PRÓSTATA	Shutran *ou* Ylang-Ylang	Impotência
VÁLVULA ILEOCECAL	3 Wise Men	Inferioridade
VÁLVULA ILEOCECAL	Galbanum *ou* Gratitude	Desprezo

PONTO DE ALARME	ÓLEO	EMOÇÃO
VÁLVULAS LINFÁTICAS	Dream Catcher	Competitividade
VEIAS	Cypress	Desrespeito
VÉRTICE	Xiang Mao	Egoísmo
VÉRTICE – oitavo chacra	Idaho Balsam Fir *ou* Idaho Blue Spruce	Separação
VÉRTICE – sétimo chacra	Release	Rebelião
VESÍCULA BILIAR	Forgiveness	Amargor
VESÍCULA BILIAR	Forgiveness	Passado *(medo de repetir)*
VIBRAÇÃO	Longevity	Sufoco
VÍRUS	Present time	Ilusão
VÍRUS	Rose	Desintegração
VÍRUS	Transformation	Não poder
VISÃO	EndoFlex	Negação
VISÃO	Envision	Apego
VISÃO	Envision	Sobrecarga
VISÃO	Geranium	Egocentrismo
VISÃO	Lime	Sentir-se menosprezado
VISÃO	Sacred Frankincense	Desamparo
VONTADE EM C-5	Cassia	Dependência
VONTADE EM C-5	Live Your Passion	Autotraição
VONTADE EM C-5	Western *ou* Canadian Red Cedar *ou* Cedarwood	Falta de realização
VONTADE EM CV-5	Jasmine	Usado *(ser)*
VONTADE SUPERIOR EM C-3	Peace & Calming	Indecisão

Diagramas

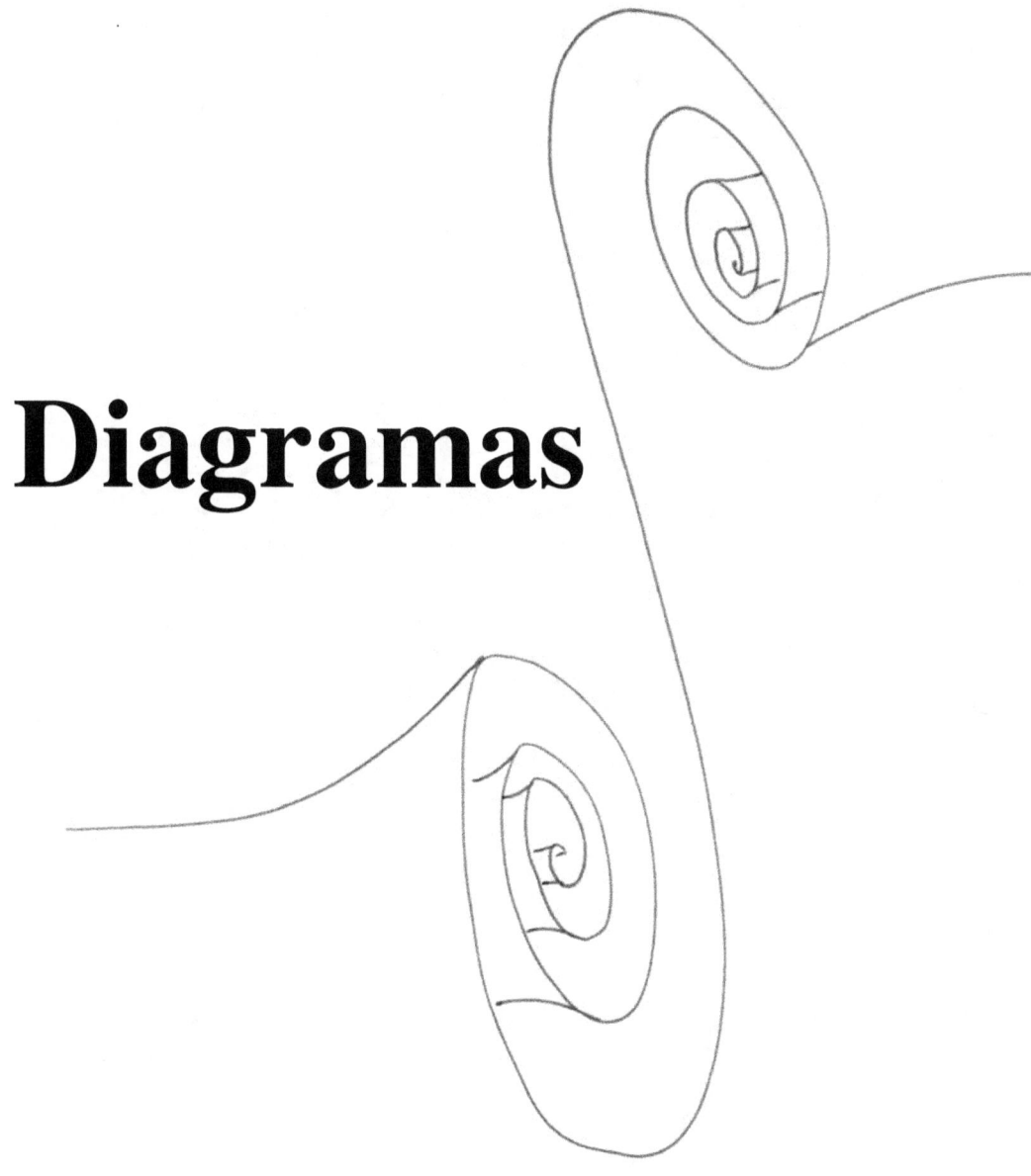

LOCALIZAÇÃO DOS PONTOS DE ALARME DO CORPO

Todos os pontos estão localizados e são tratados nos dois lados do corpo, a menos que se encontrem na linha média.

PONTO DE ALARME	LOCAL	DIAGRAMA
Adenoides	Contato simultâneo no osso nasal	A, B, D
Alergia	Lado direito, a meio caminho entre o mamilo e o processo xifoide, no sexto ou sétimo espaço intercostal	C
Alma	Entre C2 e C3, lateralmente	B, F
Amígdala cerebral	No limite externo dos cabelos, acima da metade da orelha	A, C
Amígdalas (Tonsilas)	Sob o queixo, a meio caminho entre o centro e o ângulo da mandíbula	B, D, H
Aorta	Incisura esternal, CV-22, logo acima do esterno, sobre a linha média	A, C
Apêndice	Lado direito, a meio caminho entre a espinha ilíaca anterior superior e o umbigo	D, H
Artérias	Meio do esternocleidomastoideo (músculo do pescoço)	B, D
Articulação temporomandibular	Abaixo da mandíbula anterior, 2,5 cm lateral e inferior ao osso zigomático, sobre a mandíbula	B
Articulações/cartilagens	2° espaço intercostal, próximo ao esterno	E
Baço	5 cm abaixo da borda inferior das costelas, na lateral	D, G, H
Baço acessório	2,5 cm anterior ao ponto de alerta do baço	D
Bactérias	2,5 cm acima do umbigo	D
Bexiga	Linha média, 7,5 cm acima da sínfise pubiana (junção do púbis)	C, E, G, H
Brônquios	5 cm, acima do mamilo, logo lateralmente ao esterno	C, G
C1	Lateral ao atlas em C1	B, F
Cabeça do pâncreas	Lado esquerdo, 1,25 cm lateral e 5 cm inferior ao estômago	C, E
Canal energético	5 cm medial à espinha ilíaca anterior superior	C
Capilares	Nivelado com a borda inferior das costelas, 5 cm lateral à linha média	D
Centro cardíaco	7,5 cm superior e 5 cm lateral ao ponto de alarme do estômago	E

PONTO DE ALARME	LOCAL	DIAGRAMA
Cérebro	Na linha média, no limite externo dos cabelos (GV-24)	A, B, E, G, H
Céu da boca	Colocar ponta da língua ou polegar no meio do céu da boca ou chupar o polegar para o alinhamento do cérebro	Não está nos diagramas
Chi	5 cm abaixo da linha média do umbigo (abaixo do ponto para vírus)	E
Colédoco	Lateralmente aos pontos para a vesícula biliar e o pâncreas	C, H
Colo do útero/pênis	2,5 cm acima da sínfise pubiana	C
Cólon sigmoide	Meio do caminho entre a espinha ilíaca anterior superior e o umbigo, no lado esquerdo	E, G
Conector	Abaixo da terminação superior do esternocleidomastoideo	B
Constritor cardíaco	Meio do corpo do esterno	C
Coração	Mandíbula, a meio caminho entre o ângulo do maxilar e o queixo	B, G, H
Coragem	7,5 cm superior e 2,5 cm lateral ao umbigo	E
Cordas tendíneas do coração	5 cm acima do mamilo	D
Cordas vocais	Bilateral, 2,5 cm acima do ponto de alerta das paratireoides, lateral ao pomo de adão	A, B, C
Corpo físico	Linha média, abaixo do lábio inferior	A
Córtex suprarrenal	A meio caminho entre as costelas e a espinha ilíaca anterior superior (topo do osso do quadril—parte frontal do corpo)	D
Criatividade	2,5 cm medial e 2,5 cm superior a porção medial da espinha da escápula	F
CX em CV-5 Circulação/sexo	2,5 cm acima do ponto de alarme da bexiga	C, E
Dano físico	Espaço imediatamente medial à junção da clavícula com a escápula, no alto do ombro	E, F
Depressão	2,5 cm acima da porção mastoide do osso temporal	B
Diafragma	7,5 cm bilateralmente ao longo da cartilagem das costelas, começando no esterno	C, G
Discos intervertebrais	Imediatamente inferior à clavícula lateral, acima do ponto de alarme dos pulmões	D
DNA	Lóbulo da orelha	B

Óleos Essenciais

PONTO DE ALARME	LOCAL	DIAGRAMA
Duodeno	Porção inferior da 11ª costela, 5 cm lateral ao mamilo	E
Duto hepático	Lado direito, entre a 7ª e a 8ª costela	E
Duto pancreático	Lado esquerdo, 7,5 cm inferior e 5 cm medial ao mamilo	E
Ego	2,5 cm abaixo do processo xifoide (extremidade inferior do esterno)	E
Epiglote	Bilateral, 2,5 cm lateral e 2,5 cm inferior ao pomo de adão	A, B, D
Esôfago	2,5 cm abaixo do mamilo, próximo ao esterno	E, G
Espinha ilíaca posterior superior	Espinha ilíaca posterior superior	F
Estafilococos	Extremidade superior do esternocleidomastoideo, 2,5 cm abaixo da orelha, sobre o pescoço	B
Estômago	Perto do esterno, medial ao mamilo	C, E, G, H
Estreptococos	Acima do meio da clavícula (sobre o osso)	A, C
Fáscias	Trocânter maior do fêmur (porção proximal da perna)	E, H
Fibras transversais	Alto da cartilagem da orelha	B, F
Fígado	Mamilo	C, D. G, H
Filtro	2,5 cm lateral à espinha e 2,5 cm acima do occipital	B, F
Fontanela anterior	Alto da cabeça, na linha média, atrás do osso frontal (GV-22)	B
Fontanela anterior	Alto da cabeça, na linha média, atrás do osso frontal	B
Fontanela posterior	Na linha média atrás da cabeça acima do occipital	B
Fonte	Entre o músculo e o osso no espaço sacral, entre S1 e S2, na linha média	F
Força vital	Processo espinhal da L3	F
Fungos	Centro do quadrante medial inferior do peito (2,5 cm abaixo e 2,5 cm lateral ao ponto de alarme do estômago)	E
Fungos	Centro do quadrante inferior lateral do peito (a 45° do mamilo)	D
Garganta	Pomo de adão	A
Gengiva/dentes	Centro do maxilar, abaixo do osso zigomático	B, E
Glândulas salivares	No pescoço, atrás da mandíbula, abaixo da orelha, atrás do lóbulo da orelha	B

PONTO DE ALARME	LOCAL	DIAGRAMA
Glóbulos brancos	Extremidade medial da espinha da escápula	F
GV-20	Alto da cabeça, na linha média, abaixo da orelha	B, F
Hara	5 cm abaixo do processo xifoide (extremidade inferior do esterno)	D
Harmonia	2,5 cm superior à porção medial da espinha da escápula	F
Hipocampo	Forame supraorbital (porção medial superior do olho)	A, C
Hipotálamo	Entre as sobrancelhas, acima do nariz, abaixo do terceiro olho	A, E
Hormônios	Linha média, no centro do nariz, junção do osso nasal com a cartilagem	A, E
Íleo	Na porção lateral da 10ª costela	E
Inconsciente	Têmpora, no esfenoide	B, D
Infecção	1,5 cm lateral ao vértice	B, F
Inocência	Centro do olho, entre o olho e o osso supraorbital	A, B
Integração cerebral	2,5 cm acima do meio do alto da orelha	B, F
Integração da alma	2,5 cm anterior e 2,5 cm acima do meio do alto da orelha	B
Integração em L3	5 cm lateral a L3	F
Integração emocional	Entre o forame supraorbital e o tálamo	A, B, E
Intestino delgado	Meio do caminho entre a última costela e a espinha ilíaca anterior superior, na cintura	E, F, G, H
Intestino grosso	2,5 cm inferior e lateral ao umbigo, a 45°	D, G, H
Intuição	5 cm abaixo e 5 cm lateral à cabeça medial da clavícula	E
Laringe	2,5 cm abaixo da junção de queixo e pescoço, na linha média	A, C
Leveduras/umbigo	Umbigo	C, D
Ligamentos	Ligamento sacroilíaco, na articulação superior do quadril com o sacro	F, H
Linfa	Meio do caminho entre os pontos de alerta do pulmão e do fígado (peito lateral, mamilo)	C
Linfa ocular	Lateral e inferior ao canto lateral do olho na órbita	A
Linfedema	Canto lateral inferior do peito	C
Língua	Terço superior do esternocleidomastoideo – borda anterior	B

Óleos Essenciais

PONTO DE ALARME	LOCAL	DIAGRAMA
Líquido cefalorraquidiano	Cabeça, na linha média, entre o vértice e a fontanela posterior (GV-19)	B, F
Locus ceruleus (Sistema imune cerebral)	1,25 cm lateral e inferior à protuberância occipital	B, F
Magia	2,5 cm lateral ao umbigo	C
Medula cerebral	5 cm lateral à linha média, entre os pontos de alerta da pineal e da medula espinhal	B, F
Medula espinhal	Base da protuberância occipital, na junção entre o pescoço e a cabeça (GV-15)	B, F, H
Medula óssea	Junção do manúbrio (os 7,5 cm superiores) com o corpo do esterno	D
Memória celular	2,5 cm acima do ponto para bactérias	D, H
Meninges	Eminência parietal, 5 cm superior e 7,5 cm lateral à fontanela posterior	B, F
Metais pesados	Espinha ilíaca anterior superior	E
Mucosas	Final do nariz	A, C
Músculos	Junção entre L5 e S1	F
Nervos	7,5 cm acima da extremidade medial da espinha da escápula (no alto do ombro, entre o pescoço e o ombro)	C, D, F
Núcleos da rafe	Acima da fontanela posterior, na linha média (GV-18)	B, F
Olho/lobo parietal	2,5 cm lateral à fontanela anterior	B
Olhos	Centro da pálpebra; aplicar óleo apenas nos pontos correspondentes aos olhos nas mãos ou pés	G, H
Olhos/lobo occipital	5 cm atrás do centro da orelha	B, F
Ossos	Centro do osso sacro, na linha média	F
Ossos auriculares	Atrás da cartilagem auricular, alinhado ao canal auditivo	B
Ouvido externo	Acima da cartilagem auricular	B
Ouvido interno	Acima do canal auditivo	B, H
Ouvido médio	Imediatamente acima do trago	B
Ovários	2,5 cm medial à espinha ilíaca anterior superior	C
Pâncreas	Lado esquerdo, abaixo do peito, alinhado aos mamilos	C, G, H
Parasitas	Meio da virilha direita, no ligamento inguinal	D
Paratireoides	2,5 cm lateral ao pomo de adão	A, B, D, G, H

PONTO DE ALARME	LOCAL	DIAGRAMA
Parótidas	Abaixo do ângulo da mandíbula	B
Peito	Quadrante medial, a um ângulo de 45 graus do mamilo no tecido mamário	D, E
Pele	Final da 12ª costela	F
Percepção sensorial	Canto superior externo, acima do olho, abaixo da sobrancelha	A
Pericárdio	2,5 cm superior ao mamilo, lateral ao esterno	E
Periósteo	Meio da superfície dorsal das mãos	H
Peritônio	Linha média, 5 cm acima da sínfise pubiana (junção do púbis)	C
Pineal	Protuberância occipital (GV-16)	B, F, H
Pituitária	Acima das sobrancelhas, do lado direito para a pituitária anterior e do lado esquerdo para a pituitária posterior	A, E, G, H
Placas de Peyer	2,5 cm lateral e superior ao ponto de alerta das válvulas linfáticas, sobre a costela inferior	D
Pleura	Axila anterior, abaixo do músculo peitoral	C
Plexo solar	7,5 cm abaixo do processo xifoide, na linha média	D, G
Pomo de adão	Pomo de adão	A, C
Ponte	Meio do caminho entre a fontanela anterior e o limite externo dos cabelos, na linha média (GV-23)	A, B, D
Ponto emocional	Eminência frontal	A
Porção mastoide do osso temporal	Atrás da mandíbula, abaixo da orelha	B
Porta sacral	Contato duplo, 2,5 cm inferior e 2,5 cm lateral ao alto do osso sacro	F
Pressão sanguínea	Meio do bíceps	E
Primeira costela	Junção de pescoço e ombro na lateral do corpo	C, F
Protetor cardíaco	5 cm inferior ao meio da clavícula	D
Pulmões	2,5 cm inferior à clavícula lateral e 2,5 cm medial ao úmero em LU-1	C, G, H
Raiz nervosa	5 cm abaixo e 5 cm lateral à cabeça medial da clavícula	E
Reto	Lado esquerdo, a meio caminho entre a espinha ilíaca anterior superior e o púbis	E, G
Rins	2,5 cm superior e lateral ao umbigo, a 45°	D, G, H

Óleos Essenciais

PONTO DE ALARME	LOCAL	DIAGRAMA
RNA	2,5 cm lateral entre a fontanela posterior e o ponto da pineal	B, F
Sangue	Lateral do peito, alinhado aos mamilos	C
Seios paranasais	Centro da testa, na linha média, 2,5 cm acima do terceiro olho	A, E, G, H
Sistema de ativação reticular	2,5 cm lateral e 2,5 cm superior à fontanela posterior	B, F
Sistema imune	2,5 cm lateral ao ponto de alerta do sistema linfático, na porção lateral superior do tórax	C
Sistema nervoso central/linfático	Na junção entre queixo e pescoço, na linha média	A, B, C
Suprarrenais	5 cm superior e lateral ao umbigo a 45°	D, G, H
Tálamo	Osso lacrimal, nas laterais do osso nasal	A, B, E
Tendões	Lateral à espinha, ao longo da base occipital	B, F
Terceiro olho	Linha média, logo acima das sobrancelhas, entre o hipotálamo e os seios paranasais	A, E
Testículos	Parte superior da coxa interna	C
Timo	Inferior à clavícula, lateral ao manúbrio em K-27	A, C
Tireoide	Logo acima da cabeça medial da clavícula	A, C, G, H
Toxicidade	5 cm abaixo do mamilo, próximo ao esterno	E
Traqueia	Linha média, abaixo da extremidade inferior da laringe, 2,5 cm abaixo do pomo de adão	A, B, C
Tuba auditiva	Parte frontal do ouvido, imediatamente abaixo do trago	B, G
Tubas uterinas/vesículas seminais	2,5 cm lateral e superior à borda lateral do púbis	C
Tubas uterinas/vesículas seminais	2,5 cm lateral e superior à borda lateral do púbis	C
Útero/próstata	Linha média na sínfise pubiana (osso púbico)	C
Válvula ileocecal	Filtro labial, na linha média, entre o nariz e o lábio superior	A, E, G
Válvulas linfáticas	Ângulo das costelas inferiores, na borda inferior, 2,5 cm medial à linha do mamilo	C
Veias	2,5 cm acima do processo xifoide, na linha média do esterno	D

PONTO DE ALARME	LOCAL	DIAGRAMA
Vértice	Alto do crânio, na linha média, entre as fontanelas (GV-21)	B, C, F
Vesícula biliar	Inferior ao mamilo, abaixo do peito, no lado direito	C, G, H
Vibração	Extremidade do processo xifoide	D
Vírus	2,5 cm abaixo do umbigo	D, E, H
Visão	Centro da têmpora, 2,5 cm acima do arco zigomático	B
Vontade em C-5	Lateral a C-5	B, F
Vontade superior	Atrás do esternocleidomastoideo, lateral a C3	B, F

NOTA: As distâncias são baseadas na polegada humana, que é a distância entre a primeira e a segunda articulação do dedo indicador. A maioria dos pontos tem aproximadamente o tamanho de uma moeda de tamanho médio (cerca de 2,5 cm). Talvez você queira ser o mais preciso possível, mas existe uma margem de erro.

DIAGRAMA A

ROSTO – Frente

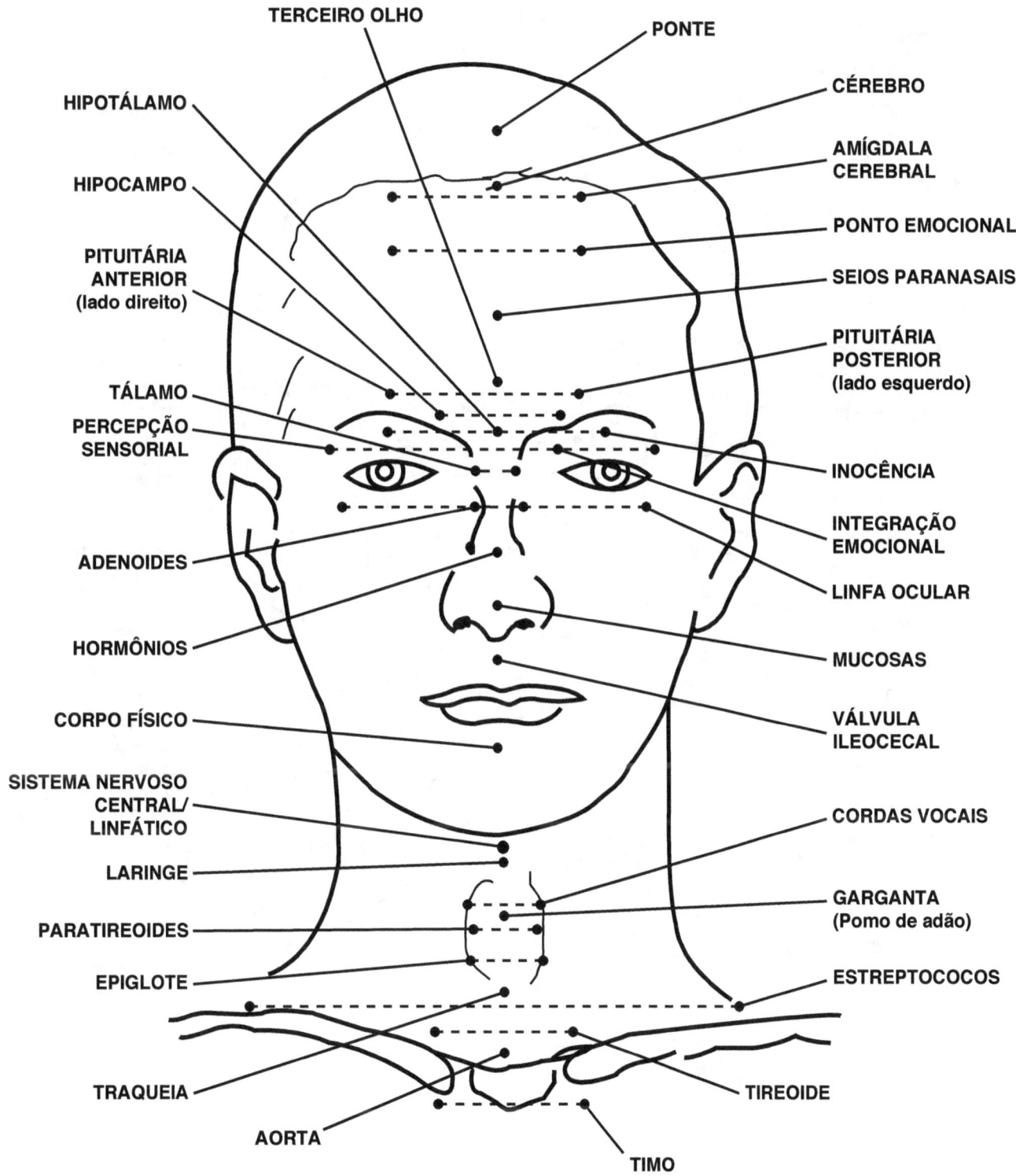

Carolyn L. Mein, D.C.

DIAGRAMA B

ROSTO – Lateral

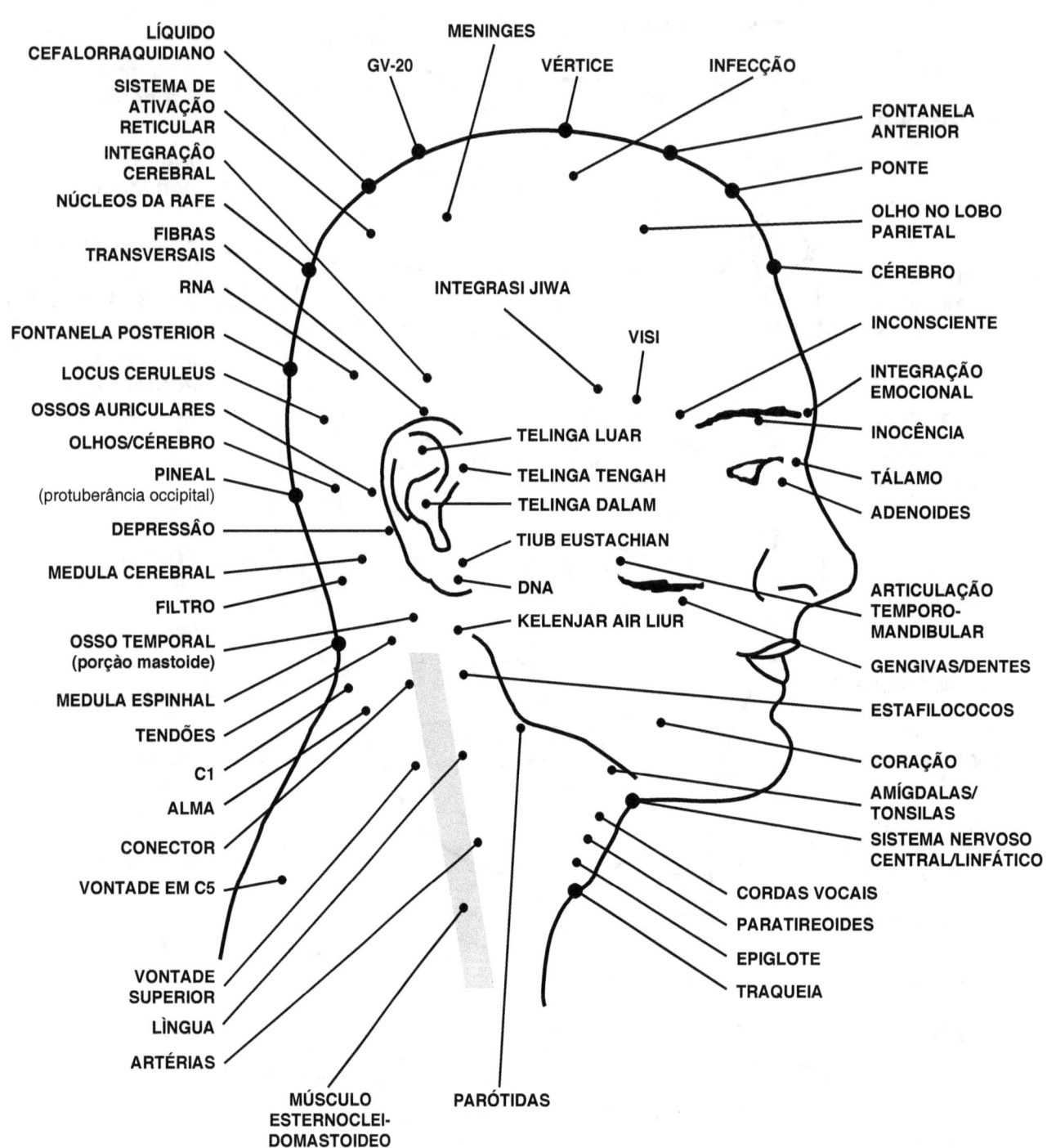

Óleos Essenciais

DIAGRAMA C

Frente do Tronco 1

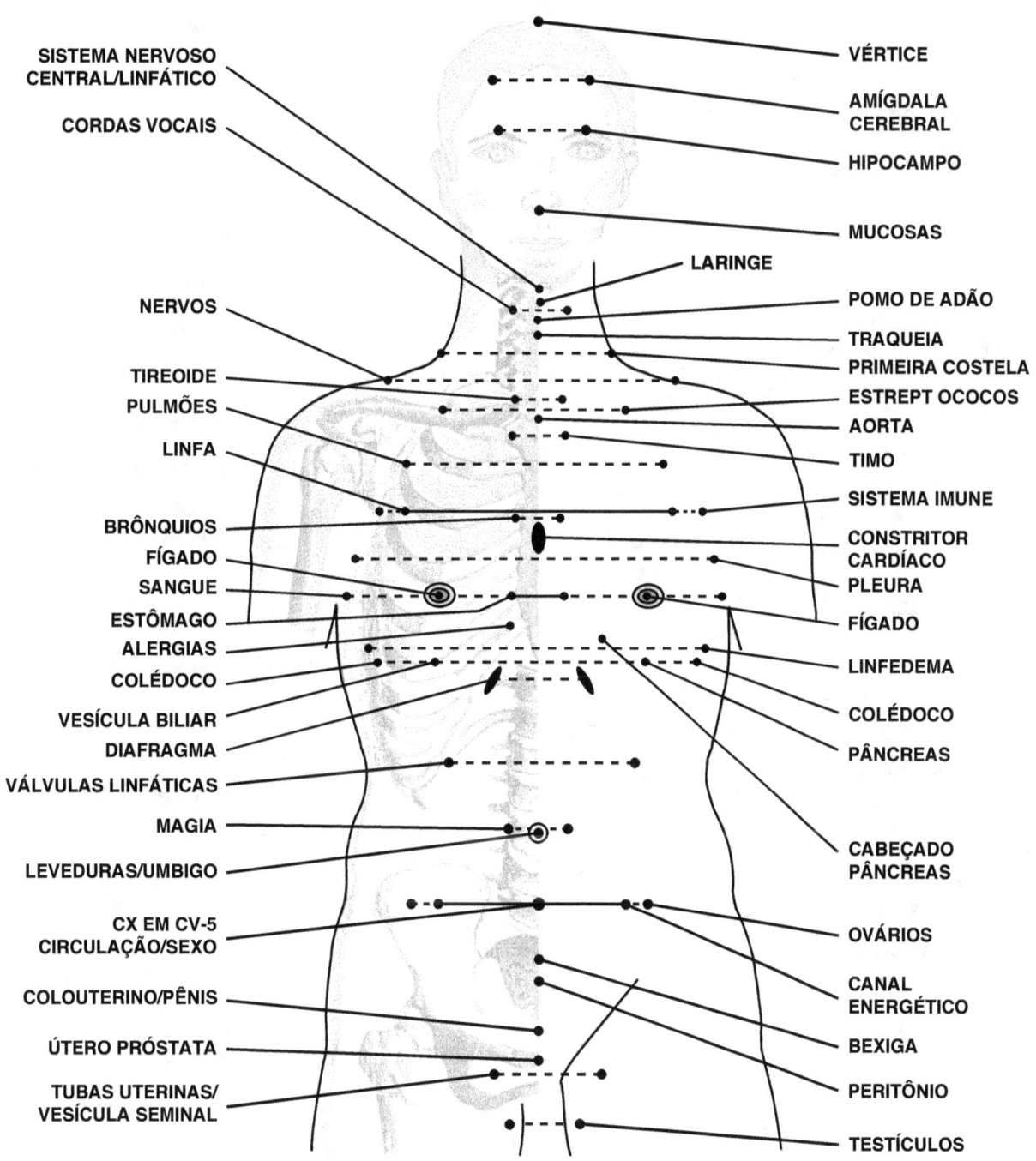

DIAGRAMA D

Frente do Tronco 2

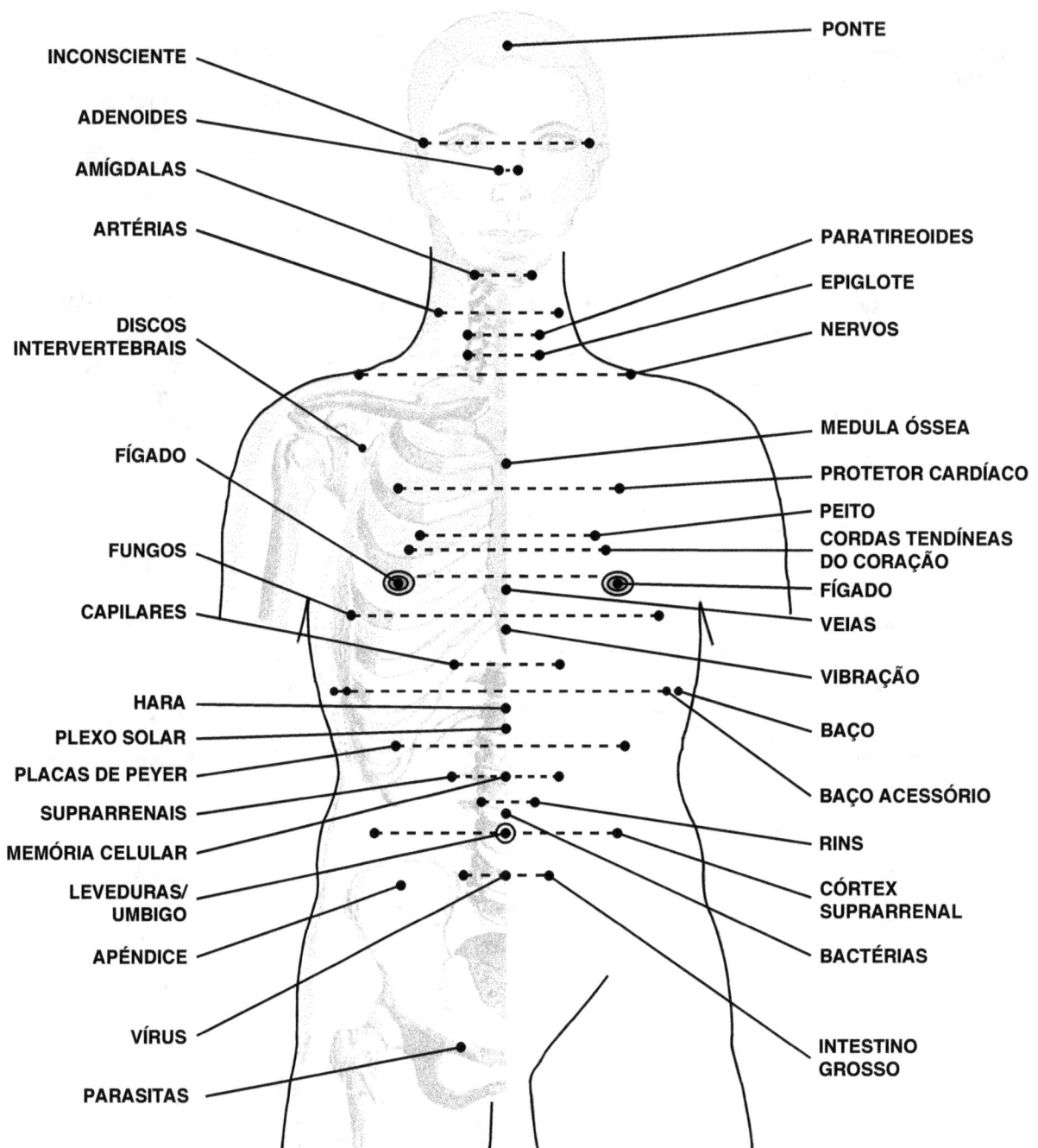

DIAGRAMA E

Frente do Tronco 3

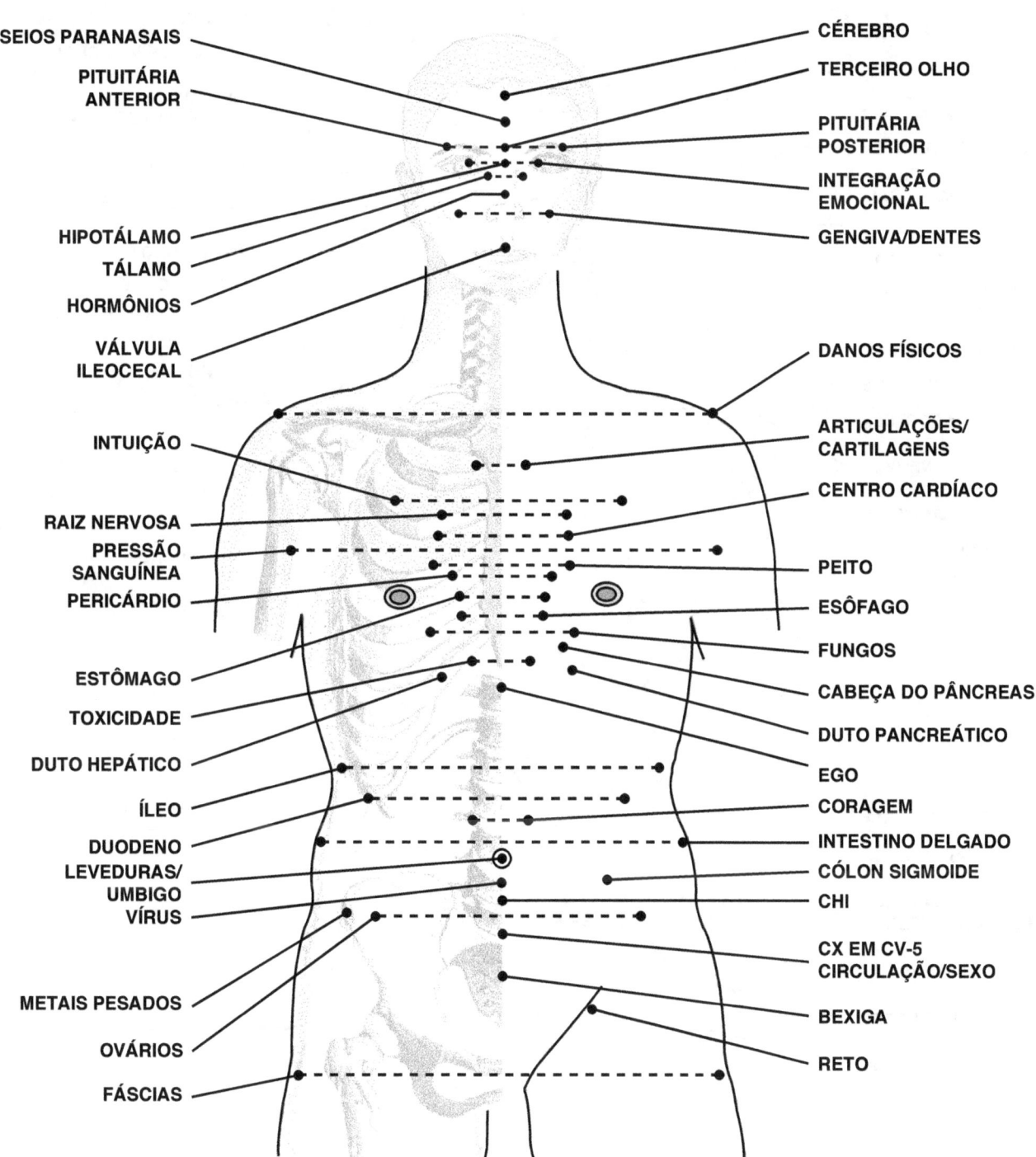

DIAGRAMA F

Costas do Tronco

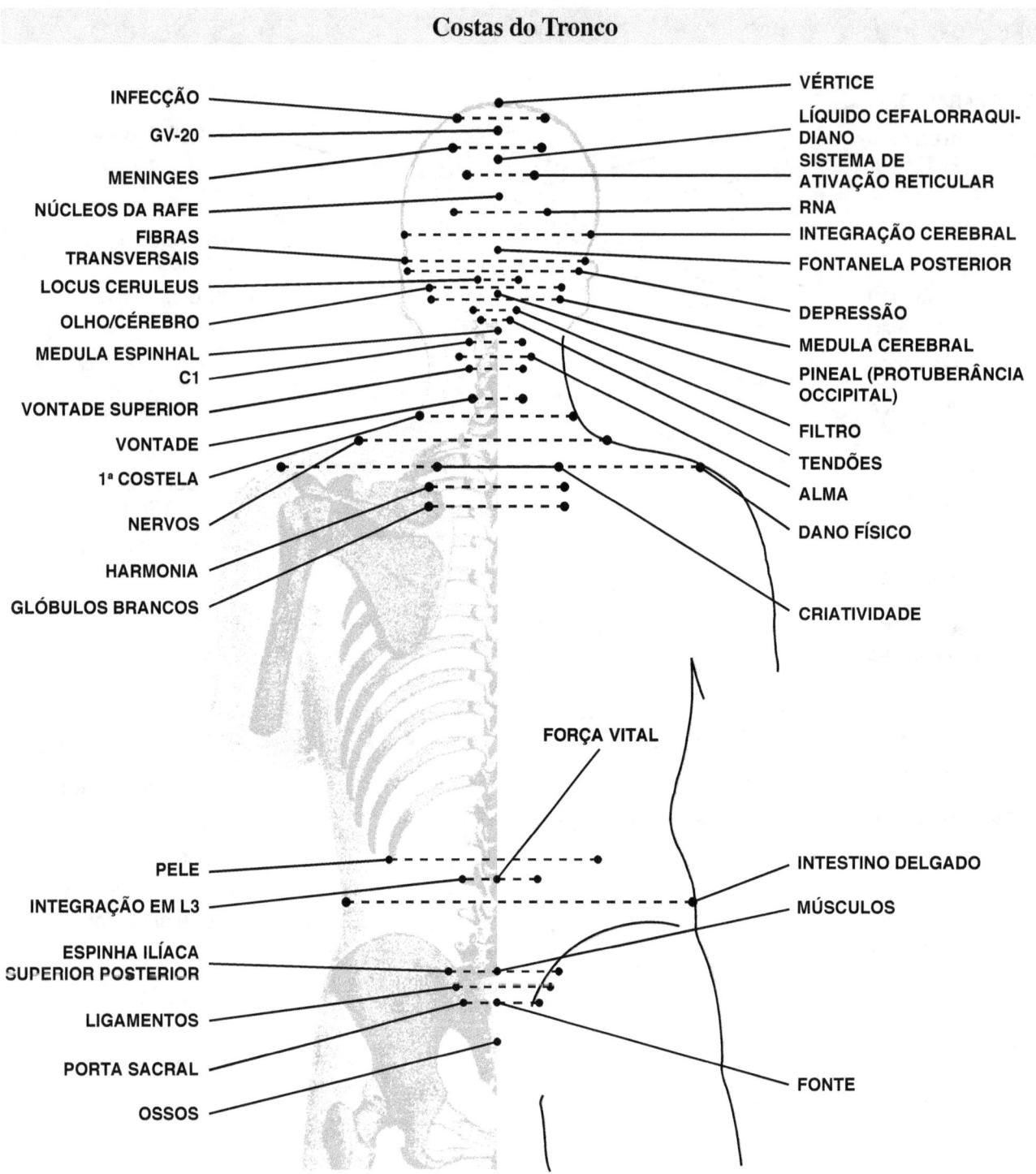

DIAGRAMA G

Pontos de Reflexo dos Pés

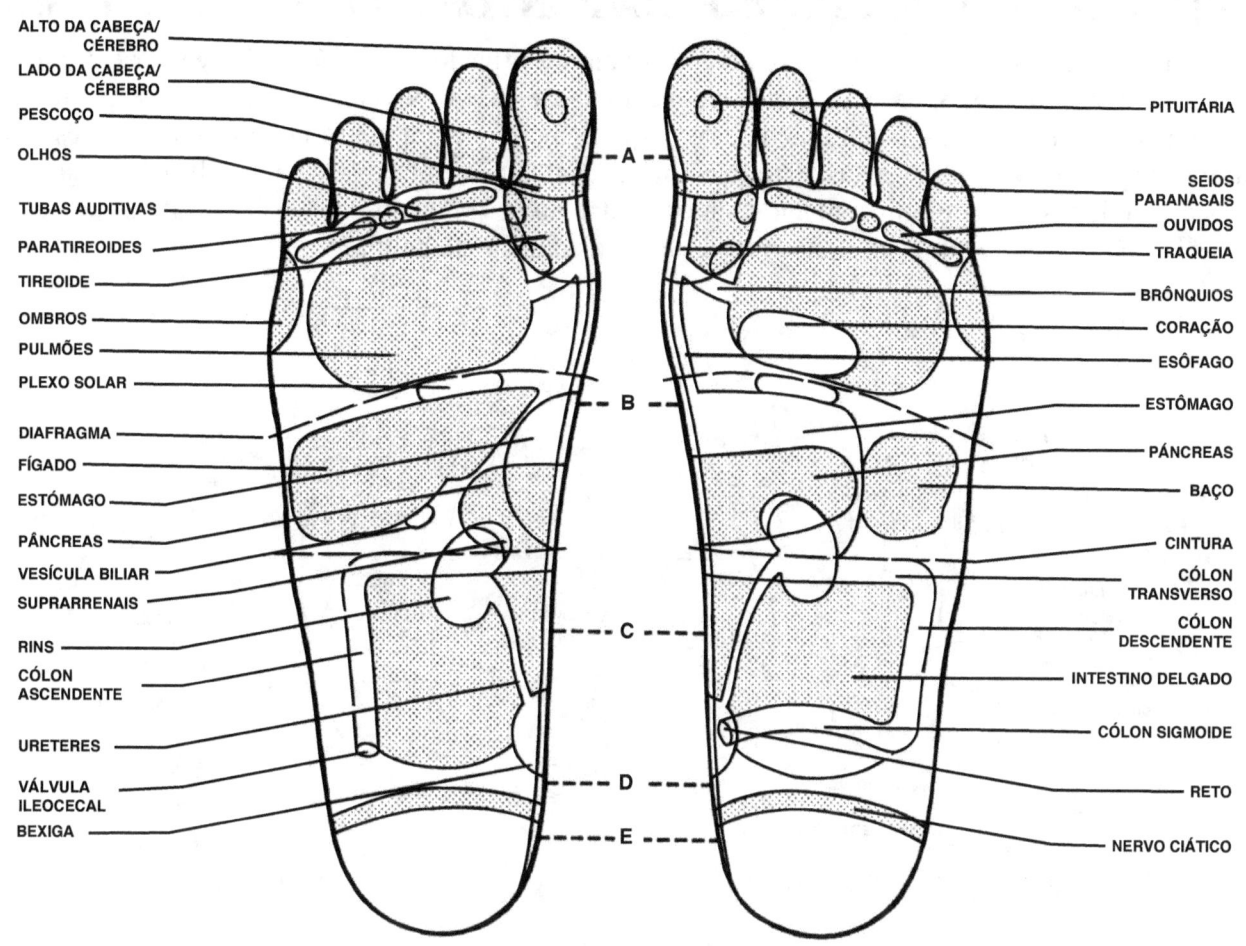

ESPINHA/CERVICAL – A   ESPINHA/TORÁCICO – B   ESPINHA/SACRAL – D   ESPINHA/CÓCCIX – E
ESPINHA/LOMBAR – C

Os óleos podem ser aplicados apenas nos pés, usados nos pontos de alarme do corpo ou em ambas as áreas para tratar uma região ou órgão específico.

DIAGRAMA H

Mãos

ALTERNATIVAS NAS MÃOS PARA PONTOS DIFÍCEIS DE ACESSAR

Como alguns pontos de alarme corporais, como o ponto do fígado, são difíceis de acessar em público, você pode utilizar os pontos da mão ao trabalhar na liberação de padrões enraizados que você queira tratar com frequência. De vez em quando, pode haver ocasiões em que um ponto no corpo ou nos pés esteja extremamente sensível; nestes casos, tratá-lo nas mãos é igualmente eficaz. Os pontos de reflexo nas mãos e nos pés podem ser usados em conjunto com os pontos no corpo ou ao invés deles. Trate os pontos em ambas as mãos, mesmo que apenas uma mão esteja mostrada no diagrama.

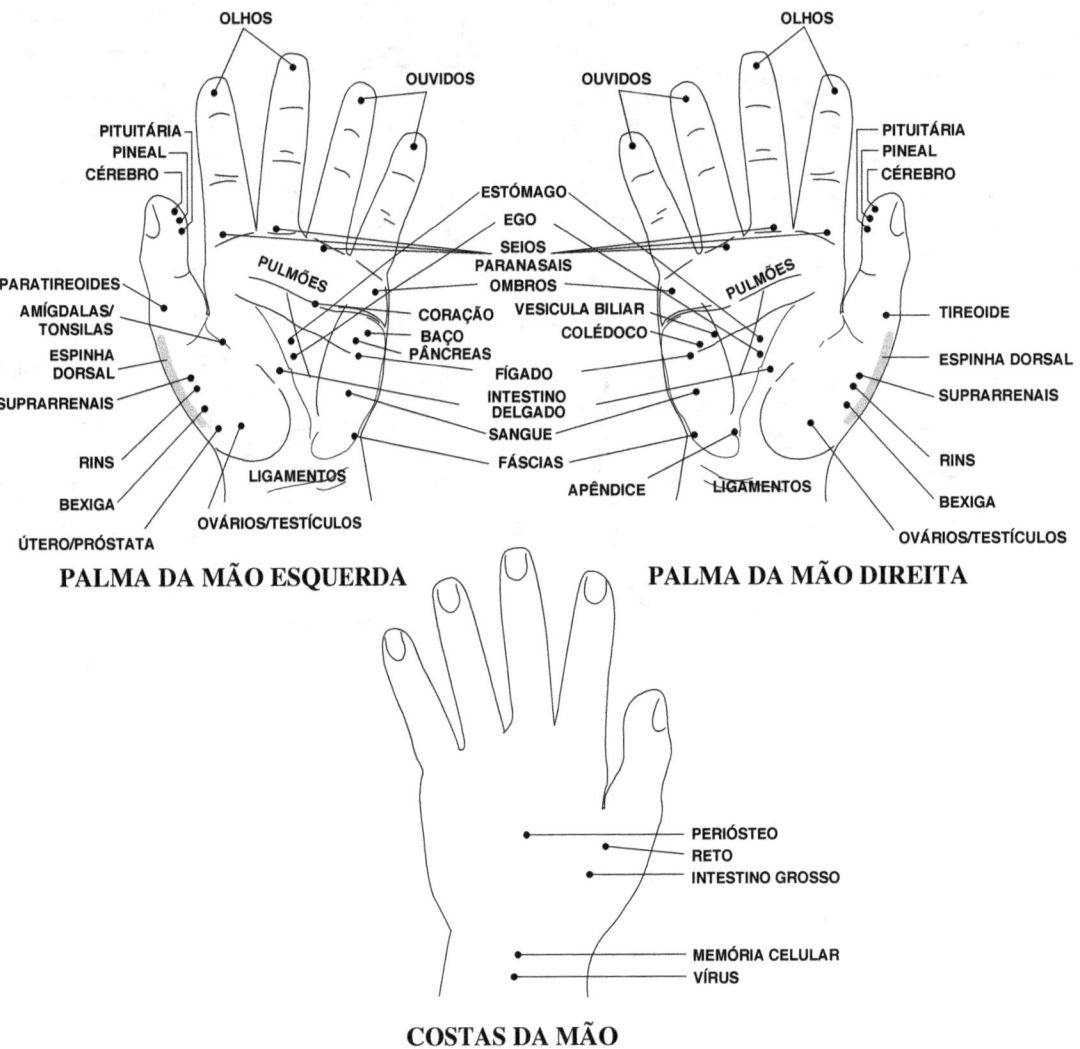

Reforços à limpeza

DESCOBRINDO PADRÕES EMOCIONAIS ADICIONAIS

Agora que você sabe como limpar as emoções mais óbvias que emergem, você pode começar a procura por emoções que envolvem um problema maior ou central. Um problema central é aquele que carrega uma energia perturbadora significativa. Geralmente, ele já vem atuando há um bom tempo e é fácil de ser reconhecido. Alguns exemplos de problemas centrais são rejeição, abandono, raiva e controle.

Trabalhando com problemas centrais e seus tentáculos

A maneira mais fácil de encontrar e identificar problemas centrais e seus tentáculos é observar o seu padrão de reação. Quando você estiver irritado com alguém ou alguma situação, você provavelmente estará reagindo com uma resposta condicionada. Uma resposta condicionada pode ser algo como gritar, sair abruptamente da sala, simplesmente se fechar para a pessoa em questão ou abandonar a situação.

Uma forma de identificar suas emoções e problemas é observar sua resposta condicionada. Sempre que você se notar tendo uma reação, procure entender o que você está sentindo.

Você provavelmente já notou que diante de certas situações, como alguém tendo uma opinião diferente da sua, você se sente mal. Quando você consegue se olhar introspectivamente, tornando-se consciente de onde o sentimento se localiza no seu corpo ou de quais pensamentos emergem quando você se pergunta o que está acontecendo, a rejeição aparece. Você acabou de identificar seu padrão emocional central.

Digamos que você vem trabalhando há alguns dias em liberar sua rejeição e encontrou uma situação parecida, de alguém com uma opinião diferente da sua. Desta vez, talvez tenha sido uma energia mais agressiva e você se sentiu subconscientemente ameaçado. Sua resposta imediata seria reagir, o que se relaciona com a emoção de conflito. Junto ao conflito vem a necessidade de controle, para se proteger e se sentir seguro. Uma vez livre do perigo percebido de imediato, surge o sentimento de traição e então o de se sentir desrespeitado ou de culpa. Depois que a dor diminui, vem a rejeição mais uma vez e depois o sentimento de ser vítima. Sabendo que você não consegue funcionar neste mundo enfraquecido dessa maneira e se sentindo vulnerável, vem o sentimento "vá se f—". Quando nada parece funcionar, você é deixado com o sentimento de fracasso.

Rejeição

(problema central/emoção)

Sentir-se ameaçado   Conflito   Controle

Traição

Desrespeito/Culpa

Dor — Rejeição

Sentir-se vítima

Vá se f—

Falha

Estas são algumas das emoções relacionadas mais comuns. Procure ver qual ou quais estão presentes em você. Trabalhar em várias emoções ao mesmo tempo reduz a carga emocional muito mais rapidamente do que apenas trabalhar no problema central.

Os tentáculos do controle

A finalidade do ego é nos proteger de danos e uma das suas principais defesas é o controle. Todo controle é baseado no medo. Desta forma, todos nós temos problemas de controle em algum grau. Para exercemos o controle, controlamos a nós mesmos, os outros e/ou o ambiente ao nosso redor. Para determinar se o controle é uma emoção que você precisa trabalhar no momento, pergunte-se: "Tenho medo de ser controlado? Ou tenho a necessidade de estar no controle? Ou as duas coisas?" Muitas pessoas sentem tanto a necessidade de controlar quanto o medo de serem controladas. No entanto, uma dessas duas coisas costuma ser mais dominante que a outra.

Medo de ser controlado

O medo de ser controlado pode aparecer como uma necessidade de trabalhar sozinho, ser seu próprio chefe ou ter dificuldade de trabalhar em equipe. Até mesmo seguir um cronograma, especialmente se feito por outra pessoa, pode evocar o medo de ser controlado.

Qualquer um que tenha sido ferido em um ambiente controlado, seja quando criança ou depois de adulto, pode desenvolver o "medo de ser controlado" como um problema central.

As emoções que ligadas ao medo de ser controlado são o medo da autoridade, o confinamento, a dependência, o desrespeito, a dominância, a restrição e a supressão.

Se você tiver o problema central "medo de ser controlado", sentirá um gatilho em qualquer situação remotamente parecida com a da vez que machucou você. Sua "reação" à autoridade pode ser desproporcional à realidade atual e você pode enxergar alguém como dominante quando aquela pessoa está simplesmente sendo forte. Esta resposta decorrente de um "gatilho" se aplica a todas e quaisquer emoções ligadas ao controle.

Evitar uma condição estruturada em casa ou no trabalho pode ser indicativo do "medo de ser controlado". Você consegue ver o estruturamento como uma ferramenta de apoio que lhe permite alcançar o equilíbrio em sua vida? Se você tiver pouquíssimo estruturamento na sua vida, talvez queira verificar se o "medo de controle" está em operação.

Até mesmo definir sua própria estrutura pode acionar o "medo de ser controlado". Quaisquer estruturas, até mesmo as suas próprias, podem acionar o sentimento de estar confinado, dominado, restringido ou suprimido.

A necessidade de estar no controle

A necessidade de estar no controle pode derivar do "medo de ser controlado". Uma forma de evitar ser controlado é permanecer no controle o tempo inteiro. Se isto se aplicar a você, releia o trecho sobre o "medo de ser controlado", acima.

A "necessidade de estar no controle" normalmente aparece como a necessidade de ter as coisas feitas de um certo jeito: o seu jeito. É mais sobre controlar os resultados, ter as coisas feitas da forma correta, no prazo e com sucesso.

Crianças cujas necessidades não foram atendidas devido à incompetência dos adultos podem desenvolver a "necessidade de estar no controle" como um problema central. Pode haver uma crença subjacente de que "a única maneira de ter minhas necessidades atendidas é eu mesmo fazer as coisas".

As emoções ligadas à "necessidade de estar no controle" são a desconfiança da autoridade, a dependência, sentir-se ignorado, a sabotagem e sentir-se sem apoio.

Se você tiver o problema central "necessidade de estar no controle", provavelmente você terá criado o hábito de fazer tudo que sente ser necessário fazer para sobreviver. Muito provavelmente, você verá as outras pessoas em geral como incompetentes. Ao liberar o padrão "necessidade de estar no controle", você se tornará capaz de se relacionar com pessoas de acordo com quem elas são como um todo, em vez de se elas são ou não competentes numa área específica.

Problemas de controle, tanto a necessidade de estar no controle quanto o medo de ser controlado, podem atrapalhar ou destruir casamentos, amizades, relações de trabalho ou parcerias de qualquer tipo. Imagine tentar viver ou trabalhar em conjunto se uma pessoa tiver "medo de ser controlada" e a outra tiver "necessidade de controlar". Qualquer coisa que um fizer ou disser será um "gatilho" para o outro. Agora imagine ambos se libertando de seus padrões. O amor e/ou o respeito que possuíssem um pelo outro se expressaria livremente e a relação seria capaz de se desenvolver em algo dinâmico, o que seria impossível com ambos operando com problemas de "controle".

Problemas de sobrevivência

Problemas básicos de sobrevivência incluem o "medo de perder", que aciona lembranças, guardadas na memória celular, de perder a vida de alguém sempre que uma batalha era perdida. O medo da perda é acionado sempre que você se vir em conflito ou desacordo com outra pessoa. Experiências passadas normalmente estão relacionadas a perder alguma coisa, como um negócio ou uma amizade, sempre que tiver conflito. A solução é mudar as regras do jogo de "ganhar/perder" para regras de crescimento mútuo. Isto significa que ambos os lados podem vencer.

O medo de estar errado se relaciona ao de ser humilhado, não ser bom o bastante, perder disputas e fracassar. Todos esses medos são, na verdade, oportunidades de crescimento e vêm do seu lugar de conhecimento. São os nossos desafios que nos mostram nossos pontos fracos e nos direcionam para onde devemos ir.

Algumas emoções, como a traição, trazem à consciência pensamentos e sentimentos que são negados. O outro lado da traição é a fidelidade, o que, no fim das contas, significa termos lealdade a nós mesmos. Já que nosso mundo exterior reflete o que está acontecendo por dentro, ser traído por alguém acontece depois que já traímos uma parte de nós. "Eu tenho a coragem de aceitar a verdade" é uma afirmação que obriga a verdade a se revelar. Isto permite que medos enraizados, como o de falhar ou o de conflito, possam emergir. Tão logo estas emoções são reconhecidas, elas podem ser limpas. Como resultado, você pode adicionar mais óleos, o que significa que você estará trabalhando com diversos padrões emocionais ao mesmo tempo.

Quando você tem que lidar com problemas fortes, como a traição, sua vida pode mudar, pois as partes de você que vinham sendo negadas emergirão. Estas são as partes que você não pode mais ignorar. Esteja ciente de que elas não se apresentarão até você ter as ferramentas necessárias para lidar com elas. Então, ainda que o processo de limpeza possa ser desafiador, o resultado ou recompensa será positivo, frequentemente até melhore do que você poderia imaginar.

Limpeza em geral

Vivemos em um ambiente tóxico. Nossa água e nosso ar estão poluídos. Entre nossos computadores e celulares, somos constantemente bombardeados com estresse eletromagnético. Nossa comida está cheia de produtos químicos e conservantes. Somos expostos a produtos químicos todos os dias. Como vivemos em um mundo de dualidades, sei que deveria haver um lado positivo para a toxicidade. Por que outra razão ela estaria aumentando? Além das toxinas no nosso meio ambiente, nós criamos nosso próprio estresse cada vez que nos permitimos entrar num estado emocional negativo.

Quando experimentamos emoções negativas, isso cria ou reforça um padrão emocional. Sentimos a energia primeiro no centro de nossos corpos, na região do peito ou do abdômen. O sentimento então se desloca para a cabeça, afetando o sistema hormonal.

Então, o sistema digestivo se desliga, o que por consequência faz toda a comida nos intestinos apodrecer, resultando em um intestino tóxico. O óleo Legacy afeta a porção inferior do corpo, incluindo o sistema de eliminação.

O outro lado da toxicidade é a transformação, que está relacionada a prosseguir até um estado superior de consciência. A saída é entrar "dentro do vazio", o que corresponde a entrar no olho do furacão ou passar pelo buraco de uma agulha. É adentrar o lugar ainda pequeno no íntimo, escapar pela rachadura, no ponto onde o sinal do infinito se cruza. O óleo é o Legacy e o ponto de alarme é o conector, localizado na parte de trás do terço superior do músculo esternocleidomastoideo, que se encontra entre a orelha e a espinha, no pescoço, na base do crânio.

Como em qualquer limpeza, talvez você queira incluir o ponto de liberação no alto da espinha e os pontos de filtro na parte de trás da cabeça.

O efeito da limpeza é incrível. Normalmente ocorrem uma liberação de energia bloqueada e uma claridade que aparece nos olhos. Os olhos ficam incríveis: a vida retorna e eles brilham. A confusão mental desaparece, a força vital inunda todo o corpo e há uma sensação de ter energia. Limpar a toxicidade costuma dar uma sensação de estar com os pés no chão ou solidamente conectado com a terra. Uma emoção relacionada é a dificuldade. A dificuldade se relaciona com os desafios da vida, com o "outro lado", e vem de um lugar de conhecimento.

Recapitulação do óleo Legacy:
Sentimento: Toxicidade—vinda do meio ambiente pela comida, ar e água; eletromagnética, química e emocional.
Outro lado: Transformação
Ponto de alarme: Conector
Saída: "Entrar no vazio"

Emoção: Dificuldade
Outro lado: Conhecimento
Ponto de alarme: espinha ilíaca posterior superior
Saída: "Eu me movo com a vida"

O próximo óleo é o Release, que afeta o centro do corpo. Duas das emoções negativas mais comuns são o medo de estar errado e o medo do sucesso. O medo de estar errado se localiza no baço acessório, que se situa na frente do baço. O baço é o principal órgão associado ao sistema imune. Emoções negativas crônicas diminuirão a imunidade. A emoção guardada no baço é a culpa. Nós nos sentimos culpados quando acreditamos que fizemos algo errado.

Outra emoção comum que você pode querer incluir é o medo do sucesso. O outro lado é a rejeição. Se você tiver medo do sucesso, o que você ganhará? Rejeição. Você se sente mais confortável com a rejeição, pois ela é o que você já conhece, em vez do sucesso desconhecido. Isto leva à sabotagem como um meio de proteção. Se você se recusar a aceitar o sucesso porque sente que não o merece ou que não consegue lidar com ele, você estará rejeitando o sucesso. A saída é "Eu aceito a consciência."

Recapitulação do óleo Release

Emoção: Errado (medo de ser)

Outro lado: Conhecimento

Ponto de alarme: Baço acessório

Saída: "Eu sou leal à minha fonte."

Emoção: Sucesso (medo do)

Outro lado: Rejeição

Ponto de alarme: Intestino grosso

Saída: "Eu aceito a consciência."

O óleo *Peppermint* afeta a cabeça e a garganta. *Peppermint* é antibacteriano, antifúngico e antiviral, além de um bom auxílio à digestão. As emoções associadas são a restrição e o fracasso. A restrição é guardada na medula cerebral, que é a região do cérebro que controla os músculos voluntários e involuntários. Os músculos involuntários controlam nossos batimentos cardíacos, respiração e digestão. Uma emoção relacionada é o medo de fracassar. O fracasso é guardado no timo, que é parte do sistema imune. Adicionar *Peppermint* à água que você bebe alivia bastante uma garganta irritada. Também melhora a qualidade da água. Ao adicionar *Peppermint* à água que você bebe, comece com uma gota e aumente conforme você queira. Pegue um copo grande, encha-o pela metade com água, adicione uma gota de óleo *Peppermint*, complete-o com mais água e beba durante o dia. Adicione água ao copo à medida que ele for esvaziando. Um pouco do óleo *Peppermint* continuará no copo, fazendo com que seja opcional adicionar mais *Peppermint*.

Recapitulação do óleo Peppermint

Emoção: Restrição

Outro lado: Mobilidade

Ponto de alarme: Medula cerebral

Saída: "Eu estou aberto a novas experiências."

Emoção: Fracasso

Outro lado: Desdobramento

Ponto de alarme: Timo

Saída: "Eu aceito o crescimento."

O GUERREIRO PACÍFICO

Disseram para nós que estamos todos conectados, que todos somos um. Mas se isso é verdade, por que existe tanta desarmonia e mal-entendidos? A vida não seria muito mais simples se todos pensassem igual? Falando de modo prático, nem mesmo famílias, parceiros e pessoas amadas vivem em harmonia perfeita. Se não podemos nos entender com pessoas que amamos profundamente, como podemos esperar viver em harmonia com pessoas de quem sequer gostamos? Ainda assim, toda religião e ensinamento espiritual prega o amor como o objetivo principal e a resposta para todos os nossos problemas. Eu achava essa abordagem muito idealista e difícil de aplicar, especialmente quando eu estava sob ataque. Foi por causa deste dilema que escrevi *Liberando Padrões Emocionais com Óleos Essenciais*. Senti que precisávamos de uma ponte, um guia prático, para transformar uma experiência ou sentimento negativo em algo baseado no amor ao invés do medo.

Sendo um corpo do tipo Tireoide, meu ponto forte é Mental/Espiritual; logo, minha forma de lidar com emoções e desconfortos é primeiro entender a situação (Mental) e então descobrir o que preciso aprender com ela (Espiritual). Logo descobri que isso não era o bastante. Como este é um planeta de dualidades, como ilustrado na teoria da relatividade de Einstein, segue-se que emoções têm tanto uma expressão negativa (medo) quanto uma expressão positiva (amor). Consequentemente, quando passo pela situação de alguém ser agressivo comigo, tenho que olhar para dentro, para entender o que venho fazendo ou pensando que iniciou minha necessidade de passar por isso (assumindo responsabilidade pessoal — Espiritual). Meu próximo passo é acessar a oitava mais alta ou o outro lado da emoção (Mental), que, neste exemplo de agressão, é o respeito. Então eu sinto (Emocional) ambos os lados dos sentimentos em profundidade, até bem no cerne de cada sentimento, permitindo a eles se expressarem, mesmo que eu chegue ao ponto de chorar.

Agora é a hora de acessar o corpo físico. As emoções são guardadas na memória celular e residem em órgãos ou regiões do corpo que têm uma frequência vibratória correspondente, assim como no sistema límbico do cérebro. Tocar os pontos emocionais na testa acessa o caminho emocional e cheirar o óleo apropriado (neste caso, o Valor) e dizer a afirmação "Eu amo" estabelece um novo caminho ou ponte da agressão para o respeito. Aplicar o óleo essencial Valor ao ponto de alarme associado (neste exemplo, o córtex suprarrenal) liberta a memória celular e permite escolher uma nova forma de ser. Isto estabelece um novo padrão; então, ao invés de reagir a uma agressão com outra, posso responder com amor e permitir à outra pessoa ter a sua própria opinião, assim transformando conflito em paz.

Astrologicamente, o planeta Marte se aproximou ao máximo da Terra em 27 de agosto de 2003, fazendo as qualidades atribuídas a ele emergirem e se tornarem um ponto focal para a humanidade. Como o efeito de Marte será sentido pelos próximos 20 anos, é imperativo lidar com a energia desse planeta. Seus atributos são: energia, movimento, estabelecer e alcançar de metas, fazer as coisas rapidamente, impaciência, guerra e necessidade de comunicação. Comunicação é o primeiro passo na resolução de conflitos e é essencial na construção de um mundo pacífico.

A resolução de conflitos se baseia em quatro passos. O primeiro é o diálogo, que pode ser de natureza explosiva e irracional. Geralmente, as palavras são emocionais, não necessariamente refletem a situação-gatilho atual e carregam consigo muita bagagem emocional do passado (carma). Uma vez que a situação ou energia esteja sobre a mesa, é hora de olhar para os fatos. Esta é a oportunidade de determinar o que é real e o que é ilusão. O terceiro passo é questionar, o que requer se interessar pela outra pessoa, colocar-se no lugar dela, ver as coisas da perspectiva dela. O último passo é o debate: olhar os dois lados e examinar os prós e contras de cada um, para alcançar uma solução viável que atenda às necessidades de ambos os lados numa vitória mútua, não só para o presente, mas também para o futuro. Esta solução é o aspecto espiritual que corresponde à lição e se expressa na afirmação sob "Saída" na seção de *Referências Emocionais* deste livro.

As culturas antigas dependiam de padres, reis ou juízes para resolver conflitos. Estamos entrando numa época onde todos precisam ser mestres da arte da resolução. No século IX, a visão do Rei Arthur, ao estabelecer os cavaleiros da Távola Redonda, foi desenvolver um novo modo de resolver conflitos. O código de honra de um cavaleiro da Távola Redonda era viver no seu mais alto potencial, transmutando o desejo de ficar quite na conquista pessoal e substituindo o aborrecimento pela felicidade. Realizar façanhas de cavaleiro era sobre intervir e, no fim das contas, dar poder aos fracos. Percival representa a autopurificação, no processo de fazer a pergunta certa no momento certo. A busca pelo Santo Graal é o processo de se tornar um ser humano livre, o que requer liberar os velhos padrões que nos mantêm trancados em um comportamento negativo.

Uma das melhores formas de identificar padrões negativos é observar o que estamos atraindo em nossos relacionamentos. As emoções negativas são as mais familiares e as mais fáceis de identificar, tornando-se um excelente ponto de entrada. O estresse é a queixa mais comum e o conflito é a causa número um. O conflito é guardado no córtex suprarrenal e o medo de encarar o mundo nas glândulas suprarrenais. Tornar-se um guerreiro pacífico ou um cavaleiro da Távola Redonda, onde todos são igualmente respeitados, requer não responder ao conflito com mais conflito (guerra), mas com a paz, que exige encontrar um padrão de resposta negativa com uma frequência mais alta e operado de um local interior de paz.

Selecionei 12 óleos essenciais que podem ser usados juntamente com os óleos de harmonia do chacra. Destes, os dois que mais gosto de incluir são o Sacred Mountain e o Idaho Balsam Fir. O Sacred Mountain está relacionado ao terceiro chacra, no plexo solar, que está conectado com ser parte de uma consciência em massa. O Idaho Balsam Fir é para o oitavo chacra, que equilibra todos os chacras e solidifica a intenção de restaurar corpo, mente e espírito ao ponto da perfeição.

O Peaceful Warrior Travel Kit consiste de 12 óleos essenciais: Peace & Calming, Purification, Peppermint, Frankincense, Valor, Lavender, Lemon, Harmony, Clarity, Juva Flex, Common Sense e Highest Potential, além de um guia de referência rápida para fácil acesso em momentos estressantes.

Mudar exige introspecção e autodescoberta, como representado por Percival. Nossos corpos contêm a resposta para a autodescoberta e a maestria. Uma das formas mais fáceis de ler o corpo é através do sistema endócrino, que não apenas controla e regula o corpo, mas contém o projeto e o destino desta vida terrena. A glândula-mestra é a pituitária, que tem a função de direcionar a tireoide, normalmente associada ao metabolismo, e as glândulas suprarrenais, que lidam com a resposta de lutar ou fugir, também conhecida como resposta ao estresse. O pâncreas e seus órgãos associados são responsáveis pela digestão. O resto das funções corporais é feito pelas glândulas, órgãos e sistemas apropriados. Há 25 tipos de corpo, cada um sob a direção da sua glândula, órgão ou sistema dominante. Cada um possui características distintas, como descrito anteriormente em *Pontos de Conexão*.

Embora nós operemos com todas as características, temos duas que expressamos de forma mais fácil ou natural e duas que passamos a vida desenvolvendo. A maneira mais simples de desenvolver características recessivas é se cercar de pessoas cujas características dominantes sejam opostas as nossas. O lado ruim de estar com pessoas que são o seu oposto é que elas não pensam da mesma forma que você. Isto pode levar a conflitos até ambos os lados desenvolverem suas características recessivas o suficiente para apreciá-las como pontos fortes quando expressadas pela outra pessoa.

Há várias maneiras de determinar suas características dominantes. A astrologia divide os signos em quatro elementos; a psicologia das cores em quatro estações; as culturas nativas em quatro direções; e a psicologia em quatro características. Cada um destes quatro elementos representa um dos passos necessários para resolução de conflito. A tabela a seguir reflete os elementos e suas frequências correspondentes.

CARACTERÍSTICAS	ELEMENTOS	COMUNICAÇÃO	DIREÇÃO	ESTAÇÃO
Emocional	Fogo	Diálogo	Oeste	Outono
Físico	Terra	Fatos	Norte	Inverno
Mental	Ar	Perguntas	Leste	Primavera
Espiritual	Água	Debate	Sul	Verão

Identificar seu elemento dominante exigirá um longo processo de entender seu jeito de se comunicar, bem como sua(s) área(s) de fraqueza. Para determinar seu elemento dominante, faça um círculo em volta das duas características de seu tipo de corpo. No caso do tipo Tireoide, é mental e espiritual. Identifique seu(s) elemento(s) dominante(s) astrologicamente: o de Escorpião é água. Procure seu jeito de se comunicar e faça um círculo em volta do que você se vir fazendo com mais frequência consigo e com outros. No meu caso, é debater. A direção está relacionada ao lugar do país onde você se sente mais confortável. Para mim, morando em San Diego, Califórnia, é o sul. Qual é a sua estação favorita? A minha é o verão, que também é a minha cor de estação. Meu estilo de colorir é suave, sutil, fluido e relaxado, que vem do elemento água, que, coincidentemente, corresponde ao verão.

A maioria das minhas respostas estão na água, na linha do debate, o que significa encontrar uma resposta que seja justa para ambos os lados. A injustiça é o medo, guardado na tireoide, que corresponde ao meu tipo de corpo e é um dos meus problemas emocionais ou lições de vida centrais. Parte do meu destino ou missão de vida é chegar a um ponto de resolução aceitando a verdade. Conhecer a verdade requer questionamento, que leva a autopurificação. A jornada pela autorrealização me motiva a expressar minha paixão de fazer algo que valha a pena e dar uma contribuição valiosa, o que resulta no meu mais consumado senso de realização. Desta forma, a chave para desbloquear o seu destino está no perfil do seu tipo de corpo.

TERAPIA AURICULAR

Outra forma de identificar padrões emocionais é localizar pontos sensíveis nas orelhas[11] e então consultar a seção Referências Emocionais. Os pontos emocionais das orelhas são facilmente acessíveis. Este processo é bom para uma liberação inicial ou para um reforço rápido. Como regra geral, use o óleo RELEASE em todos os pontos. O óleo HARMONY é bom para uma massagem geral. A melhor forma de começar todas as terapias é equilibrar o sistema elétrico do corpo com o óleo VALOR nos pés (seis gotas na planta de cada pé e então segurar a mão direita no pé direito e a mão esquerda no pé esquerdo até as pulsações sincronizarem). Quando o sistema elétrico está em equilíbrio, o corpo aceita a frequência mais alta dos óleos emocionais com facilidade. Talvez você queira usar os óleos a seguir para pontos específicos. Os óleos HARMONY e FORGIVENESS têm efeito positivo em todos os pontos. Com frequência, os pontos que mais precisarem de atenção estarão moles ao toque.

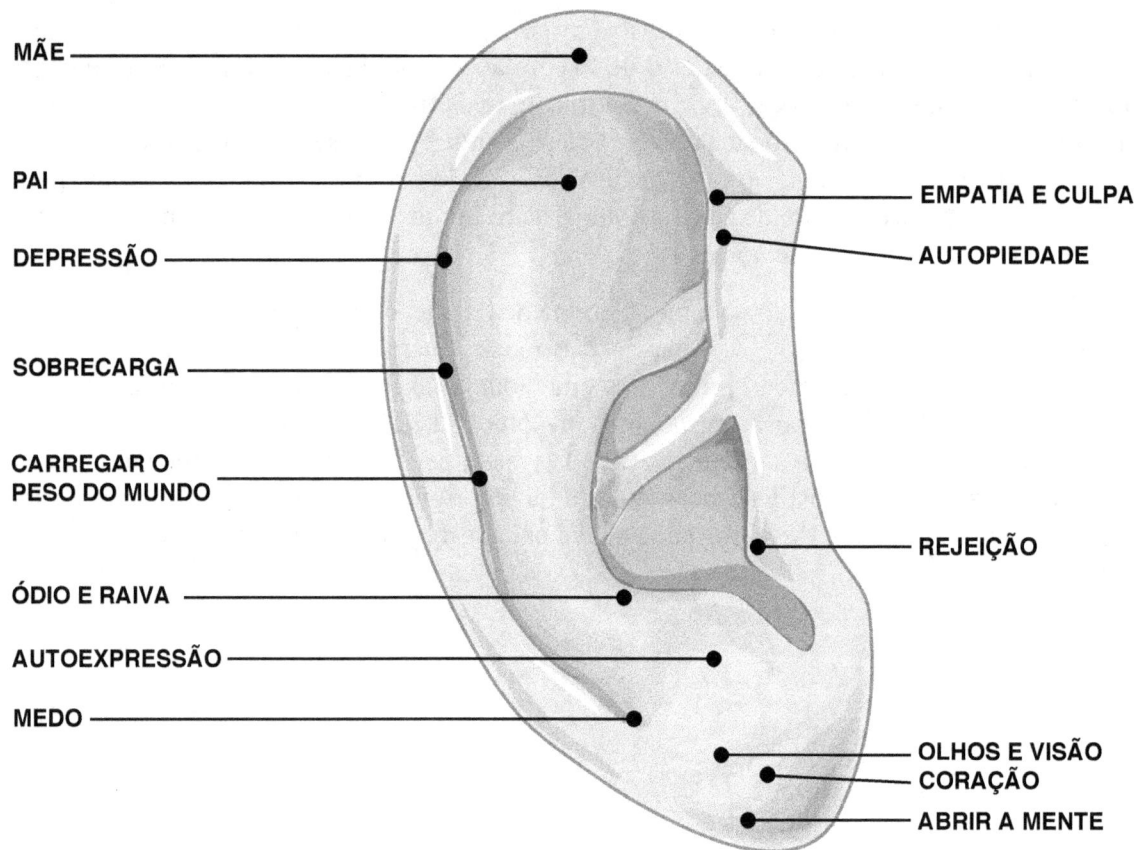

Não é necessário usar todos os óleos sugeridos. Na verdade, isto pode sobrecarregar você. Em vez disso, escolha um problema ou dois e use alguns óleos diariamente como um apoio contínuo. Você também pode estimular os pontos que está trabalhando usando os dedos, mesmo sem o uso de óleos, várias vezes ao dia. Isto é especialmente útil se o problema for depressão. "Sobrepor" significa aplicar de imediato um óleo diretamente sobre outro.

---

[11] Ilustração de *Reference Guide of Essential Oils*, por Connie e Alan Highley

Óleos Essenciais

MÃE ou PROBLEMAS FEMININOS: GERANIUM
Sobrepor com YLANG-YLANG para problemas de abuso sexual. Sobrepor com FORGIVENESS e ACCEPTANCE para problemas de abandono. SARA ou INNER CHILD também podem ajudar muito.

PAI ou PROBLEMAS MASCULINOS: LAVENDER
Sobrepor com SARA, YLANG-YLANG e RELEASE para problemas de abuso sexual. Sobrepor com HELICHRYSUM para outros problemas de abuso masculino. HELICHRYSUM ajuda a liberar a raiva enraizada profundamente. Se o problema for relacionado à infância, GENTLE BABY ou INNER CHILD podem ajudar bastante.

DEPRESSÃO: a maioria dos óleos ajuda com a depressão.
Alguns dos melhores são HOPE, VALOR, JOY, LAVENDER, WHITE ANGELICA, GENTLE BABY, INNER CHILD, SARA, PEACE & CALMING, CITRUS FRESH, HUMILITY e CHRISTMAS SPIRIT.

SOBRECARGA: Sobrepor com ACCEPTANCE, HOPE, VALOR ou GROUNDING.

CARREGAR O PESO DO MUNDO: ACCEPTANCE, VALOR e/ou RELEASE.
Lembre-se de Sobrepor se você estiver usando mais do que um.

ÓDIO E RAIVA: FORGIVENESS, ACCEPTANCE, HUMILITY, RELEASE ou JOY. Raiva enraizada profundamente também pode precisar de HELICHRYSUM e/ou VALOR para dar forças para perdoar. (Sobrepor se você estiver usando mais do que um óleo.)

AUTOEXPRESSÃO: MOTIVATION e VALOR para ter a coragem de botar as coisas para fora. RELEASE seguido de ACCEPTANCE ou GATHERING para expressão focada. INNER CHILD se você tiver perdido sua identidade. SURRENDER para expressão excessiva. JOY para apreciar a vida ao máximo.

MEDO: Este ponto quase sempre está mole quando existe medo. VALOR sobreposto com ACCEPTANCE, HARMONY, RELEASE ou JOY. SARA, INNER CHILD ou GENTLE BABY se relacionado à infância. INTO THE FUTURE para medo do futuro.

ABRIR A MENTE: 3 WISE MEN associado com o escalpo e o umbigo.
ACCEPTANCE, FRANKINCENSE, GATHERING, CLARITY, MOTIVATION, SANDALWOOD, MAGNIFY YOUR PURPOSE, RELEASE.

CORAÇÃO: JOY, FORGIVENESS, e ACCEPTANCE para autoaceitação. BERGAMOT para luto. SARA para abuso. GENTLE BABY, INNER CHILD se associado com problemas de infância. AROMA LIVE ajudará a fortalecer o coração e a baixar a pressão sanguínea.

OLHOS e VISÃO (interna ou externa): INTO THE FUTURE, DREAM CATCHER, ACCEPTANCE, 3 WISE MEN, e/ou ENVISION para visualização de objetivos. Para melhorar a vista: 10 gotas de LEMONGRASS, 5 de CYPRESS, 3 de EUCALYPTUS em 15 mL de óleo para mistura V6.

REJEIÇÃO: ACCEPTANCE sobreposto com FORGIVENESS. Se a rejeição for materna, adicione GERANIUM. Se for paterna, LAVENDER.

AUTOPIEDADE: JOY, ACCEPTANCE, e FORGIVENESS. PANAWAY se o sentimento for muito dolorido (pode ser sentido como um peso no peito). RELEASE seguido de VALOR para encontrar a coragem de seguir além do sentimento.

EMPATIA E CULPA: JOY, INSPIRATION, RELEASE, PANAWAY, ACCEPTANCE.
Geralmente sentidas mais no pescoço e cabeça. Precisamos ter compaixão com os outros, não empatia. Empatia é simplesmente sentir os sentimentos com eles. Ter compaixão é entender e estender a mão para ajudar.

TÉCNICAS DE ESCRITA

Apesar de existirem várias formas diferentes de limpar sentimentos enraizados, uma das mais eficazes é escrever. Escrever incorpora sentidos visuais, auditivos (voz interior) e cinéticos. Escrever conecta as emoções (coração) com a expressão (mão/físico), já que o ramo nervoso que inerva o coração também se estende até a mão. Como a escrita cria um fórum para o inconsciente falar, é essencial permitir que o que vier à mente se expresse sem censura.

Problemas maternais/paternais

Nossa primeira experiência com pessoas é com nossos pais ou responsáveis. Consequentemente, nossas opiniões, crenças e expectativas com mulheres são baseadas nas nossas experiências com nossa mãe, e as com homens, nas com o pai. Um dos primeiros passos para o crescimento pessoal é liberar emoções enterradas a respeito dos pais ou de figuras de grande autoridade em nossas vidas.

Um método simples, mas profundo, de deixar o passado para trás é pegar um caderno grande e começar a escrever. Comece com o pai/mãe ou pessoa com quem você teve mais dificuldades enquanto crescia e anote tudo que você gostaria de ter dito, mas sentiu que não podia. À medida que você escreve, sentimentos sobre períodos de tempo diferentes da sua vida emergirão aleatoriamente. Quando você ficar sem ideias para escrever ou sentir um bloqueio, pergunte-se, "e...?" Então, a próxima onda emergirá. Inicialmente, tudo o que vier será negativo. Depois isso se transformará e você começará a entender as razões da outra pessoa. Conforme você continua a escrever, sua atitude se transformará em compaixão por eles. Você começará a ver o que você aprendeu com suas experiências e os dons que você recebeu. Continue escrevendo sobre o lado positivo o quanto quiser[12].

Depois que você terminar de escrever tudo que gostaria de ter dito, o que pode preencher vários cadernos, você notará que sua relação com esta pessoa terá mudado. O normal é imaginar que a outra pessoa mudou, quando na verdade foi você.

Assumindo a responsabilidade pessoal

Uma vez eliminados os problemas maternais/paternais básicos, é hora de assumir a responsabilidade pelo que você está criando em sua própria vida. Há cinco elementos que você cria com sua experiência, e eles podem ser trabalhados num programa de escrita de cinco partes[13]. Para esta seção, você precisará de 5 cadernos ou um caderno grande com 5 matérias ou divisórias. Use um caderno ou divisória para cada uma das 5 seções abaixo:

1. Negativos—sentimentos ou pensamentos

2. Positivos—sentimentos ou pensamentos

3. Objetivos —em 10 anos

4. Desejos

5. Esquema—como você irá estruturar sua vida para atingir seus desejos e objetivos

---

[12] *Velvet Hammer*, Lee Gibson, **Ph.D. PEAKE** Seminar
[13] Gary Young. N.D. Phoenix Training Seminar. 1999

Comece escrevendo no caderno "Negativos", pois isto lhe permite se livrar de assuntos não resolvidos e liberar os sentimentos. Como a maioria de nós tem emoções enterradas por anos, há muito para se liberar—mais do que pode ser feito em um dia—, de modo que talvez você queira reservar um tempo para escrever regularmente.

Termine cada sessão escrevendo pelo menos uma afirmação positiva nos cadernos "Positivos", "Objetivos", ou "Desejos", pois isso desenvolve a autoestima.

Escrever é mais eficaz do que se gravar em áudio, pois conecta você com um sentido visual. Usar uma lapiseira ajuda a transferir a emoção.

Escrever às cegas é uma boa forma de permitir ao subconsciente se expressar, especialmente quando a mente consciente é forte e gosta de controlar. Simplesmente feche seus olhos e escreva. Quando terminar, releia.

Há óleos específicos que podem ajudar você a limpar e liberar seus sentimentos durante o programa de escrita:

SURRENDER: liberar emoções negativas. Espalhe pelo ar ou coloque nas têmporas e/ou cheire o óleo.

GATHERING: ajuda se sua mente pular de um assunto para outro, ou se os pensamentos se dispersarem. Se você tender a ser analítico demais, passe o óleo pela testa, começando da têmpora esquerda, usando de dois a três dedos da sua mão direita, e respire fundo. Isto mudará seu foco do lado esquerdo para o lado direito do cérebro. Se você tiver problemas em se concentrar ou dificuldade para se aceitar, faça no sentido contrário, usando de dois a três dedos da sua mão esquerda e passando o óleo pela sua testa, começando pela têmpora direita, e respire fundo. GATHERING ajuda você a liberar suas emoções e sentimentos.

ACCEPTANCE: dificuldade em aceitar emoções. Aplique sobre o terceiro olho (localizado no centro da sua testa) antes que você perca o controle com emoções exageradas e incontroláveis.

FORGIVENESS: qualquer coisa pela qual você se sinta culpado. Diga "está tudo bem" e aplique em sentido horário no umbigo várias vezes.

HOPE: quando estiver deprimido ou desesperado. Esfregue no alto das orelhas ou em suas bordas.

BRAIN POWER ou CLARITY: para confusão mental. Aplique nas têmporas ou debaixo do nariz.

JOY: melhora os sentimentos de autoestima. Posicione sobre o coração, especialmente quando estiver pronto para terminar a sessão de escrita.

WHITE ANGELICA: proteção contra bombardeio. Ajuda você a manter um espaço positivo. Aplique no esterno, ombros e nuca. Sempre encerre com WHITE ANGELICA, pois à medida que você se limpa, você vai se tornando mais sensível a energias ao redor e é melhor você ser seletivo sobre as frequências da energia que você mantém em seu campo energético.

O Dr. D. Gary Young usou esta técnica de escrita com sucesso no tratamento de doenças degenerativas crônicas, como esclerose múltipla, câncer, artrite e lúpus. Emoções e pensamentos negativos guardados levam a explosões, seja como surtos emocionais ou internamente, na forma de doenças. Remoer sentimentos ou pensamentos negativos os amplia. A saída é processar ou entender a lição, perdoar-se pela necessidade de aprendê-la, perdoar os outros por terem trazido a lição até você e liberar a emoção bloqueada ao permiti-la mover-se para a polaridade oposta — escolhendo como você gostaria de reagir em situações futuras — e remover o padrão da sua memória celular.

Depois que você limpa os problemas principais da sua vida, os mais sutis emergem. Os grandes problemas estão diretamente relacionados aos seus pensamentos e são como bactérias, no sentido de poderem ser devastadores ou até mesmo fatais. Problemas sutis estão associados com resíduos de pensamentos antigos e são como vírus, no sentido de que sugam sua energia e causam fadiga. Fungos e leveduras são traiçoeiros e associados a crenças mantidas pela família e pela sociedade, comumente conhecidas como consciência de raça. O primeiro passo é limpar seus próprios pensamentos, ou assumir o domínio do seu próprio lar. Isso é o que significa ser responsável. Seus pensamentos são definitivamente a única área que você pode controlar, e são seus pensamentos que determinam sua realidade.

Segundo o Dr. Young, manter-se ocupado evita espaços negativos e uma mente ociosa leva a emoções negativas. Isto ocorre porque uma mente ociosa está receptiva e atrairá o que estiver ao seu redor. A mente é como um rádio se sintonizando e tocando a frequência mais forte. Para interromper o ruído mental, introduza um pensamento positivo, como uma afirmação, e escute áudios e músicas positivas. Trabalhar em um projeto desafiador ou valioso permite a sua mente ser criativa. Uma mente criativa canaliza energia de maneira positiva, tornando fácil manter um espaço positivo.

Agora que você já fez seu dever de casa, você pode expressar seus talentos. Este é um momento de autodescoberta, procurando dentro de si mesmo para encontrar sua paixão e um caminho para a criatividade. Tudo que você precisa saber está incorporado dentro de você. Escute seu corpo e seu conhecimento interno. Aprender o seu tipo de corpo valida o que você sabe intuitivamente e fornece uma base para preencher as lacunas.

APOIANDO A SI MESMO

Aceitando a si mesmo

Alcançar a consciência exige que você reconheça o que é "você" e se aceite. Um exercício útil é ficar de frente para um espelho e se olhar nos olhos. Mantenha contato visual enquanto você diz, com convicção e sinceridade, 100 vezes: "Eu aceito você como você é". (Você pode definir um alarme ao invés de contar de cabeça, se assim desejar). Depois de aceitar a si mesmo e a sua realidade atual, você pode começar a mudar.

Modificando crenças

Modificar uma crença limitadora exige ter consciência dessa crença e escolher uma nova direção. Todas as nossas emoções podem ser divididas em duas categorias: *amor* e *medo*. Tudo que é negativo, restritivo ou limitante é baseado no medo. Tudo que é positivo, compassivo e apoiador é baseado no amor. Mudar o velho padrão de pensamento exige mudar as palavras ou a direção que damos ao nosso subconsciente. Um passo muito importante para a transformação da consciência é eliminar palavras limitantes de nosso vocabulário. As duas palavras mais usadas são "não posso" e "tentar".

"Não posso" se traduz como "não vou" ou "não irei". Também está relacionada a ficar sem saber o que fazer em vez de ser responsável por si mesmo. Se você não tiver uma resposta imediata para alguma coisa, poderá usar afirmações como "eu escolho saber", "a resposta virá para mim", ou "eu vou descobrir".

A palavra "tentar" significa buscar fazer ou alcançar. "Buscar fazer" significa fazer um esforço para algo, estender as forças na direção do objetivo, mas não alcançar ou conseguir. "Tentar" se relaciona a estar estagnado ou sentado sobre o muro.

Ter sucesso, conquistar ou alcançar um objetivo exige ver esforços serem feitos. Em vez de dizer que você vai "tentar" fazer alguma coisa, comprometa-se a fazer ou não fazer, e permita que suas palavras reflitam sua decisão. Isso acabará com esforços desperdiçados, assim como mal-entendidos e sentimentos feridos em relacionamentos. Se você não tem certeza de que pode se comprometer com alguma coisa, diga isso através de comentários como "irei considerar" ou "neste momento, eu irei me planejar para isso".

Mudar sua realidade exige comunicação honesta entre sua mente consciente e a subconsciente. Seu subconsciente entende tudo de maneira literal. Ele é como um grande banco de dados, e reflete de volta aquilo que é colocado nele.

Tomar o controle de sua vida exige ter um direcionamento ou objetivos que tornam você consciente de onde você está indo. O que prende as pessoas é o medo do desconhecido, além de um certo nível de conforto com aquilo que já é conhecido, mesmo que seja doloroso. É preciso ter energia para mudar. É por isso que grupos de apoio, materiais de inspiração e amigos positivos fazem a diferença. De fato, é necessário ter fé, definida como "encarar", significando encarar o medo. Medo é uma evidência falsa que parece ser real.

Óleos Essenciais

PROCEDIMENTTO DE TESTAGEM MUSCULAR PARA CLÍNICOS E TERAPEUTAS

1. O procedimento de determinar o local da terapia usa um teste muscular como indicador para determinar a presença de uma desconexão no campo energético. Para determinar o local da terapia, defina um músculo forte que você quer usar como indicador, toque o ponto em questão e teste o músculo. Se o músculo, antes forte, se enfraquecer, isso indica uma resposta positiva. Para determinar a presença de um padrão emocional, toque os pontos emocionais nas eminências frontais. Se o músculo que estava forte enfraquecer, está presente um padrão emocional.

2. Identifique a emoção perguntando ao paciente com que problemas ou emoções ele ou ela tem problemas atualmente e faça o teste com o músculo indicador. Assim que uma resposta definitiva for obtida, confirme-a fazendo contato ou "localizando terapeuticamente" os pontos emocionais e o ponto de alarme do órgão correspondente para a emoção identificada.

   Se o paciente não conseguir identificar uma emoção, vá até a região com problemas e localize terapeuticamente o ponto de alarme do órgão. Confirme com os pontos emocionais e a emoção.

3. Peça ao paciente para sentir a emoção, e então a emoção em seu "outro lado". Testar com o uso do músculo indicador ajuda a solidificar a emoção dentro da experiência do paciente. Explique as emoções como necessárias para o entendimento do paciente. Fale qual é a "saída". Teste o músculo indicador e explique se necessário.

4. Faça o paciente cheirar o óleo, pingue uma gota em sua mão não dominante e esfregue o óleo no sentido horário para ativá-lo. Aplique o óleo no ponto de alarme, ou pontos caso sejam bilaterais, e nos pontos emocionais. Enquanto aplica o óleo, enuncie a emoção, seu "outro lado" e a "saída", encorajando o paciente a se conectar com seus sentimentos e permitir que eles emerjam.

5. Teste o paciente quanto à frequência de uso. Ocasionalmente, uma aplicação é o bastante. Dependendo de quão enraizado estiver o padrão, os pacientes normalmente precisam aplicar o óleo 3, 7, 10 ou 18 vezes por dia durante 1, 3 ou 7 semanas. Quando trabalhando em várias emoções, os óleos podem ser sobrepostos, aplicando um imediatamente após o outro. O óleo para cada emoção pode ser aplicado com diferença de apenas 15 minutos de modo que os pacientes podem usá-los antes e depois do trabalho, quando tiverem uma chance de focar nas emoções.

   Se o paciente não puder usar o óleo com a frequência necessária ou precisar interromper o uso, ele pode prolongar o período de tempo. A frequência e a duração do tratamento são indicações da profundidade do padrão emocional, não uma regra absoluta. Alguns pacientes podem precisar prolongar o tratamento; então, teste novamente assim que eles se sentirem completos.

6. Revise com o paciente o que ele fará:
   a) sentir a emoção e cheirar o óleo,
   b) aplicar o óleo no ponto de alarme e conectar com o "outro lado" da emoção,
   c) aplicar o óleo nos pontos emocionais e enunciar a "saída."

A terapia de fala é essencial para entender a situação, mas é necessário mais do que conhecimento racional para mudar um padrão. O padrão precisa ser liberado do corpo para mudar uma resposta condicionada. Uma vez entendidas, as emoções guardadas podem ser liberadas da memória celular através dos pontos de alarme. A aromaterapia é usada para acessar a sede da emoção no sistema límbico. Identificar a emoção (negativa), seu "outro lado" complementar (positivo) e a lição com a "saída" do estado de desconforto traz a lição para a percepção consciente. Este conhecimento dá a consciência necessária para aprender a lição e mudar o padrão de comportamento. Cheirar e aplicar óleos essenciais específicos nas áreas onde as emoções são guardadas permite que os padrões celulares saiam do corpo, para que o padrão emocional possa mudar.

TÉCNICAS DE REFORÇO

Usar estas técnicas pode reforçar o processo de limpeza, por facilitar a liberação da carga emocional e reduzir o número de repetições necessárias para a mudança do padrão.

Experimentar os sentimentos por inteiro

1. Identifique a emoção. Sinta a emoção e abrace-a por completo, juntamente com tudo que estiver associado.

2. Cheire o óleo, inspirando e expirando a emoção. Na terceira respiração, permita que a frequência da emoção eleve você para o outro lado. (Se a emoção inicial for raiva, permaneça com raiva até que ela se eleve até o riso.) Para ajudar na liberação da emoção, inspire a emoção positiva (riso) e expire liberando a emoção negativa (raiva).

3. Uma vez que você tenha alcançado a emoção oposta (riso), aplique o óleo *Purification* e faça a afirmação com consciência (minha direção está clara) e continue fazendo a afirmação até a energia ser liberada. É aí que você atinge um ponto de relaxamento e a energia não está mais em movimento.

Quando estiver trabalhando com um facilitador, ele irá conter o espaço, permitindo ao cliente se mover para a energia. A chave é conter o espaço sem julgamento, para que o cliente possa sentir a emoção completamente. Para máxima eficácia, o ideal é que o facilitador tenha sido liberado do padrão emocional antes de trabalhar com o cliente.

Limpe enquanto você dorme

Programe seu subconsciente para trabalhar nas emoções enquanto você dorme. Espalhe o óleo essencial pelo ar, posicionando um difusor com o óleo necessário ao lado da sua cama.

Cheire o óleo e conecte-se com a emoção. Aplique o óleo nos pontos de alarme e conecte-se com a emoção oposta. Toque os pontos emocionais na sua testa e faça a afirmação. Você pode trabalhar em várias emoções ao mesmo tempo.

Testagem muscular

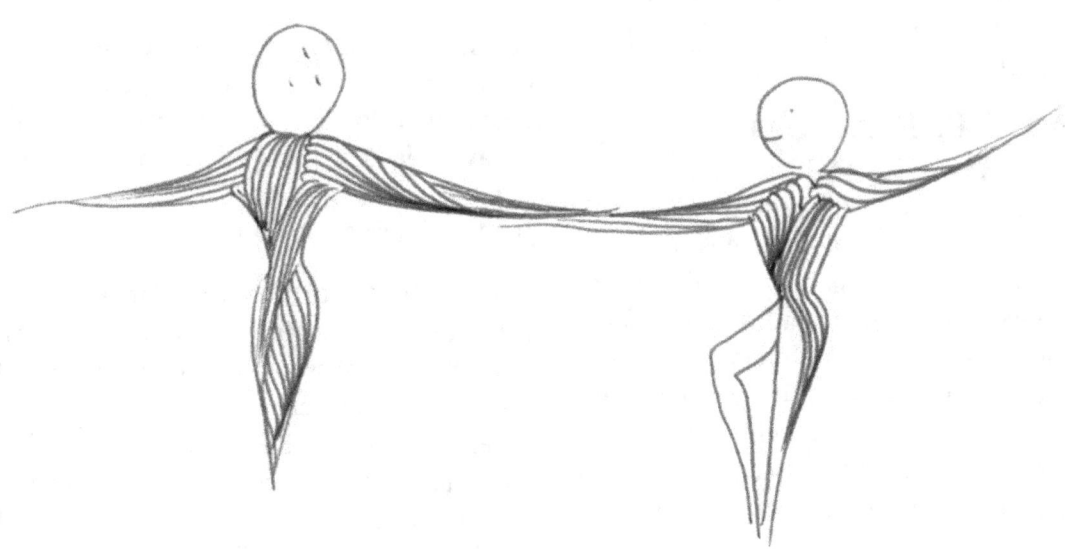

OS BENEFÍCIOS DA TESTAGEM MUSCULAR

A testagem muscular é uma técnica simples que permite que você se comunique diretamente com seu corpo. Ela pode lhe dizer exatamente do que seu corpo precisa em qualquer momento. Acho que é, de longe, a ferramenta mais valiosa que já usei. Foi por meio da testagem muscular que consegui determinar quais óleos se associavam a quais emoções.

Na verdade, a testagem muscular é bem simples. É apenas um meio de se comunicar com o seu subconsciente. Isto é importante, pois é o seu subconsciente que se encarrega de fazer funcionar e manter o seu corpo.

Para fazer esse teste, tudo que você precisa é achar um músculo indicador forte e verificar a capacidade desse músculo de manter a força em reação a diferentes estímulos. Esses estímulos serão os óleos que você está considerando usar, onde usá-los e com que frequência.

INTERPRETAÇÃO DOS RESULTADOS

Os músculos de uso mais comum neste procedimento são os dos ombros, os do tórax e braços ou os das costas. Se os músculos permanecerem firmes sob a pressão aplicada ao serem testados, a substância que está sendo avaliada terá um efeito positivo ou benéfico no seu corpo. Se a pressão fizer o músculo enfraquecer ou "ceder", então a substância testada terá um efeito negativo e usará mais energia para ser processada ou eliminada do que a energia que fornecerá.

Quando o teste de um músculo indica fraqueza, isto pode se demonstrar em graus variáveis. A fraqueza indicada pode ser dramática, evidenciando um sonoro "não" para aquela substância, ou pode ser moderadamente fraca ou "esponjosa".

A "esponjosidade" sugere que a substância não seja particularmente benéfica para o seu corpo, nem prejudicial.

A ORIGEM E A BASE DA TESTAGEM MUSCULAR

Em 1964, o Dr. George Goodheart, um clínico geral quiroprático, descobriu que poderia obter informações sobre o corpo através de um procedimento de testagem dos músculos. Ele encontrou uma forma de contornar o filtro consciente da mente para se comunicar diretamente com o corpo físico. Esta descoberta profunda abriu o caminho para que se tornasse possível determinar exatamente o que estava acontecendo no corpo. Ela aumentou muito a capacidade física de se fazer diagnósticos, permitindo que os médicos fossem mais específicos. Por exemplo, se alguém soubesse que tinha uma infecção no trato urinário que poderia ser confirmada com um teste de urina, a próxima pergunta seria: "o que está causando isso?" Ao usar a testagem muscular e a acupuntura nos pontos de alarme, os médicos poderiam determinar se o problema vinha da bexiga, do trato urinário ou dos rins.

A maior vantagem da testagem muscular é permitir diagnosticar problemas físicos comunicando-se diretamente com o corpo. Através da testagem muscular, o Dr. Goodheart demonstrou a inter-relação dos músculos com as funções internas do corpo.

A base da testagem muscular

A testagem muscular tem como base testes de força muscular usados como padrão para determinar disfunções musculares. Estes testes foram desenvolvidos por Kendall, Kendall e Wadsworth, autoridades médicas em cinesiologia, que é a ciência dos movimentos musculares humanos (*Muscles: Testing and Function*, 2ª ed., Baltimore, 1971).

Como funciona a testagem muscular

A testagem muscular funciona usando as conexões biofísicas e mecânicas entre músculos, articulações, nervos e órgãos para identificar requisitos específicos e desequilíbrios corporais. *O método envolve a aplicação de uma quantidade razoável de pressão sobre um músculo ou agrupamento muscular e a determinação da capacidade individual de resistência à pressão.*

A testagem muscular é um conceito interessante e seu funcionamento pode ser entendido tanto física quanto mentalmente. Do ponto de vista físico, sabemos que o corpo possui um campo energético que o cerca e permeia. A testagem muscular aproveita as flutuações nesse campo de bioenergia. Se o fluxo energético for perturbado ou interrompido, os impulsos nervosos motores serão afetados, resultando em uma diminuição da força muscular.

A medicina tradicional chinesa mapeou o fluxo de energia nesse campo, conforme ele se move pelo corpo através de caminhos chamados "meridianos". É através desses meridianos que flui o Chi, ou força vital do corpo. Os chineses demonstraram o efeito desse fluxo na saúde através da ciência da acupuntura, que é um sistema de tratamento diverso que pode ser aplicado para muitas doenças.

Usando a fotografia Kirlian, esse campo energético produzido pela força vital pode ser visto radiando para fora, formando uma aura ao redor do corpo. Isso ocorre em todos os seres vivos — humanos, animais e até mesmo folhas de plantas e árvores. Embora normalmente esse campo não seja visível a olho nu, ele pode ser facilmente visto nas fotos que esse tipo de fotografia produz.

Por que a testagem muscular funciona

A mecânica da testagem muscular também pode ser explicada em termos de uma resposta mental subconsciente. **A mente subconsciente que controla as funções corporais internas sabe de quais alimentos e substâncias o corpo precisa.** O corpo está sempre alinhado perfeitamente com o subconsciente, de modo que este sempre reflete precisamente as necessidades do corpo.

Observe os efeitos que as emoções têm no corpo. Como elas são geradas no subconsciente, estão ligadas às mudanças fisiológicas correspondentes no corpo. A raiva, por exemplo, causa aumento da pressão sanguínea, dos batimentos cardíacos, da frequência respiratória e da tensão muscular. Outras emoções também produzem manifestações físicas no corpo, que estão diretamente relacionadas às respostas subconscientes.

A testagem muscular utiliza essa harmonia entre a mente subconsciente e o corpo físico. Ela permite que nos comuniquemos com o subconsciente e avaliemos suas reações aos estímulos, usando o corpo tanto como transmissor quanto como receptor.

Quando uma substância é colocada em contato com o corpo, o subconsciente reage a ela como sendo benéfica, neutra ou prejudicial. Isso produz uma resposta física para aumentar ou diminuir a força muscular, dependendo dos seus efeitos no corpo ou no subconsciente.

COMO TESTAR OS MÚSCULOS

Técnicas básicas

Escolha o músculo que será usado como indicador. Qualquer músculo ou grupo muscular pode ser usado. Quando a pessoa sendo testada é mais forte do que a pessoa aplicando o teste, é melhor escolher um músculo que possa ser isolado e testado por si só. Isso garante um teste mais preciso, pois reduz a tendência de recrutamento de outros músculos ao redor. Quando a pessoa sendo testada for perceptivelmente mais fraca que a pessoa aplicando o teste (homem testando mulher), usar um músculo ou grupo de músculos maior ajuda a equilibrar a relação de força. Como a massa muscular é diferente em homens, mulheres e crianças, são dadas instruções para vários níveis de força muscular. Escolha de acordo com essas instruções. As técnicas sugeridas a seguir (e explicadas mais tarde) costumam funcionar melhor:

- Homem testando mulher: use o músculo do ombro.

- Mulher testando homem: use o peitoral superior ou o músculo das costas.

- Homem ou mulher testando criança: use uma combinação de músculos do peito e do braço.

- Autoexame: use os músculos da mão e do dedo.

Pontos importantes

- *Seja objetivo.* Isto significa ter certeza de que você não está mantendo o pensamento do resultado que deseja em sua mente enquanto faz o teste. Seu subconsciente deseja agradar você; então, se você realmente quiser algo e pensar nisso enquanto faz o teste, pode obter uma resposta errada. Deixe sua mente ficar neutra, ou foque-se em realizar o teste com maior precisão.

- *Isto não é uma competição de força.* Uma resposta muscular fraca durante um teste não indica uma deficiência no músculo.

- O músculo está bem. Ele só deu uma resposta fraca ao que está sendo testado, pois impulsos nervosos estão sendo interrompidos. Assim que o indicador for removido, o músculo dará novamente uma resposta forte.

- Ao trabalhar com alguém que nunca fez uma testagem muscular, faça a bateria de movimentos uma ou duas vezes, para que a pessoa se familiarize com o procedimento. *Mal-entendidos podem levar a resultados imprecisos.*

Pressão aplicada

- Você saberá quando o músculo estiver forte ao senti-lo "travar" ou se conter. Isso costuma acontecer nos primeiros 15 graus da amplitude de movimento do músculo. Se ele não se contiver, use o outro braço ou escolha outro músculo.

- Uma quantidade moderada de pressão deve ser aplicada suavemente ao músculo e depois liberada gradualmente.

- Evite movimentos bruscos e não exerça mais pressão que o necessário para determinar a força muscular.

- Não tente superar a força do músculo, uma vez que isto pode levar a resultados falsos.

- Exerça o mesmo tanto de pressão no músculo durante cada teste, observando as diferenças nas respostas musculares. Se não estiver certo da reação muscular, pergunte à pessoa sendo testada como ela a sentiu e então avalie os resultados.

NOTA: Se a resposta obtida não parecer bem definida nesse momento, você poderá definir melhor seus resultados utilizando a Técnica de Melhoria (Scott Walker, D.C). Vire sua cabeça para a direita enquanto a pessoa sendo testada vira a própria cabeça para a esquerda, de forma que ambos olhem para a mesma direção. Fazer a testagem muscular deste jeito irá aumentar diferenças nas respostas que podem ter sido apenas sutis anteriormente.

Isolamento muscular

Não recrute outros músculos: Tenha a certeza de que a pessoa sendo testada não está usando nenhum músculo adicional para aumentar a força da sua resposta ao teste. O corpo quer ser forte e muitas vezes usará outros músculos mais fortes para compensar os mais fracos. Isso é feito mudando ligeiramente a posição do braço, dobrando o cotovelo ou inclinando o corpo. Como o objetivo é isolar um músculo, colocar outros músculos em cena torna a testagem mais difícil e muitas vezes dará resultados inválidos.

Testes específicos

O propósito dos testes a seguir é determinar força ou fraqueza.

- Força, ou um "sim", está presente quando o músculo está forte e travado. Tome cuidado para não superar a força do músculo que você está testando.

- Uma resposta "não" é quando o músculo está fraco. A forma mais fácil de aprender a testagem muscular é começar trabalhando com outra pessoa, fazendo uma testagem mútua. Depois que você se sentir confiante com a testagem muscular, estará pronto para começar a se testar.

TESTE 1: Homem testando mulher

Usado quando uma pessoa com mais massa muscular (homem) **está testando alguém com menor massa** (mulher).

Este teste usa o deltoide, o músculo do ombro.

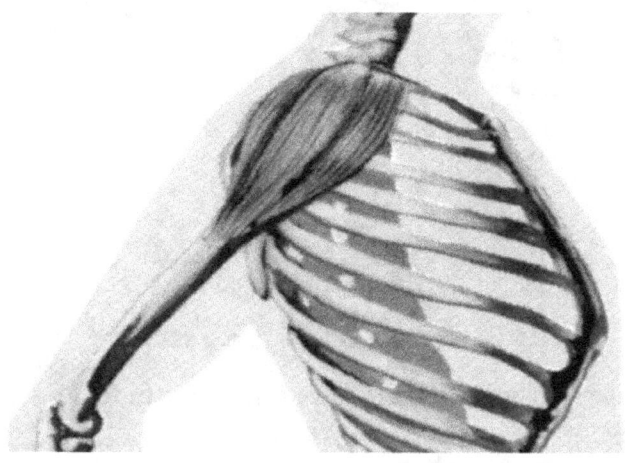

1. A partir de uma postura sentada ou de pé, a mulher estende um braço para frente ou para o lado, de forma que o braço fique horizontal ao chão.

2. A palma da mão da mulher deve estar voltada para baixo e o cotovelo reto, mas não travado.

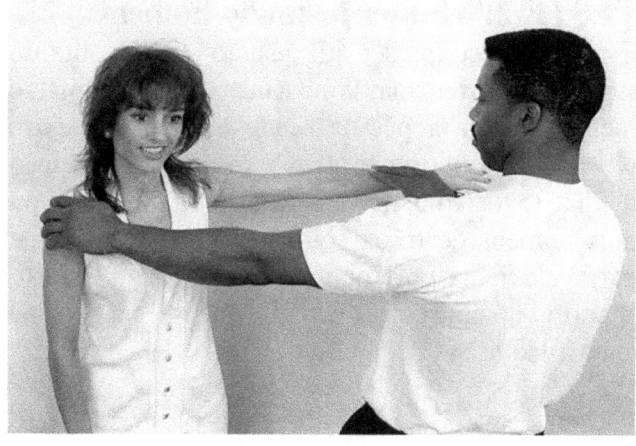

Braço estendido reto para o lado.

3. Os músculos do braço, peito e costas devem estar o mais relaxado possível, para não reforçarem o ombro com músculos auxiliares.

4. O homem fica de pé, em frente ou ao lado da mulher, e exerce pressão para baixo no braço, logo acima do pulso. Isso determina a força do músculo do ombro.

5. Se o homem for consideravelmente mais forte que a mulher, a mulher pode dobrar o cotovelo, trazendo a mão para dentro, para que o poder de alavanca do homem seja reduzido ao pressionar o cotovelo.

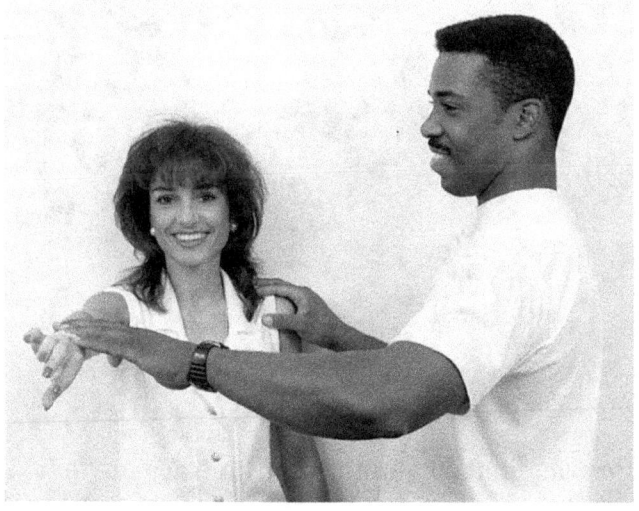

Braço estendido reto para frente em ângulo reto em relação ao corpo.

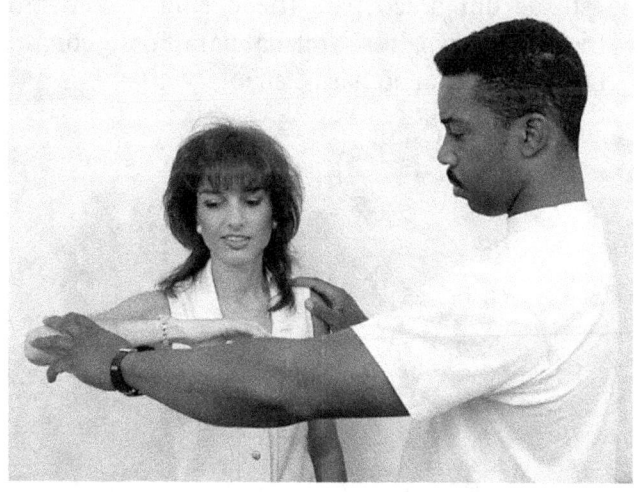

Braço para fora com o cotovelo dobrado. Dobrar o cotovelo diminui o poder de alavanca, tornando o teste mais fácil para a pessoa sendo testada.

TESTE 2: Mulher testando homem

Este teste costuma ser útil quando a aplicadora do teste (mulher) tem massa muscular substancialmente menor do que a pessoa sendo testada (homem), ou quando ambos possuem a mesma compleição média. (isto também vale para duas mulheres ou dois homens de força equivalente). O teste usa a parte clavicular do peitoral maior ou a porção superior do músculo do tórax que se encaixa na clavícula.

Posição inicial com uma resposta forte ou "sim".

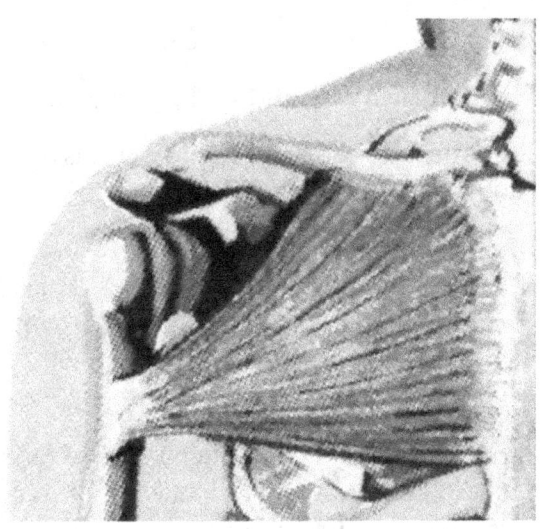

Parte clavicular do músculo peitoral maior

1. Como no teste nº 1, a pessoa sendo testada estende um braço para frente com o cotovelo travado e a palma voltada para fora, com o polegar apontando para o chão.

2. A aplicadora do teste então exerce pressão no braço acima do pulso, mas em vez de empurrar direto para baixo, a força é exercida em um ângulo de 45 graus para baixo e para o lado.

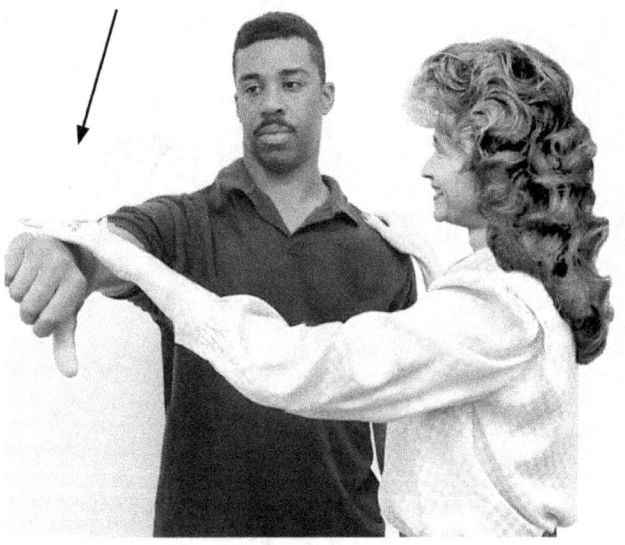

Posição final com uma resposta fraca ou "não".

Aplique pressão constante a um ângulo de 45 graus para o lado.

TESTE 3: Teste alternativo

Outro teste que é fácil de usar envolve o latíssimo dorsal, o músculo das costas. **Este teste pode ser usado quando ambas as pessoas forem da mesma compleição** ou se qualquer uma delas tiver uma compleição maior. Este teste pode ser aplicado facilmente tanto de pé quanto deitado.

4. A fraqueza ficará aparente dentro dos primeiros 5–15 graus, quando o músculo não conseguir se engajar ou "travar" e se mover para longe do corpo.

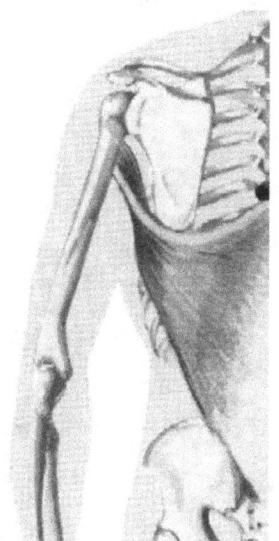

Músculo latíssimo dorsal

Posição inicial com uma resposta forte ou "sim".

1. Faça a pessoa testada ficar em pé, com um braço estendido para baixo, próximo ao flanco e rotacionado para dentro, de forma que a palma da mão e o cotovelo estejam voltados para fora, para longe do corpo.

2. O aplicador então exerce pressão contínua logo acima do pulso da pessoa sendo testada, puxando para fora. A outra mão é posicionada no ombro da pessoa, para estabilizar o corpo.

3. Se o músculo estiver forte e permanecer próximo ao corpo, você tem uma resposta "sim".

Posição final com uma resposta fraca ou "não".

TESTE 4: Testando crianças (4-8 anos)

Neste teste, são usados os músculos do peito e do braço. Isto é uma exceção à regra do isolamento de um único músculo, mas aumenta a resistência da criança à pressão do adulto.

3. O aplicador do teste, de pé na frente da pessoa sendo testada, tenta separar os pulsos aplicando pressão para fora simultânea em cada braço, acima do pulso. Quando a criança for pequena, você só precisará usar seus dedos indicadores sobre os pulsos.

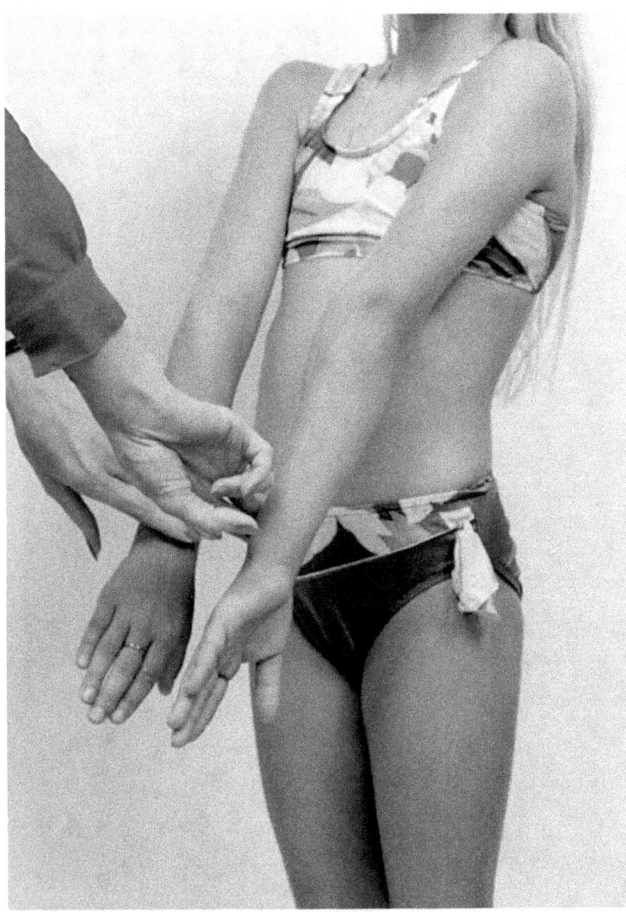

Posição inicial com uma resposta forte ou "sim" (braços juntos).

1. Ambos os braços são mantidos retos e estendidos para baixo na frente do corpo, mantendo-se próximos a ele.
2. As palmas das mãos são viradas para fora e as costas dos pulsos são mantidas juntas.

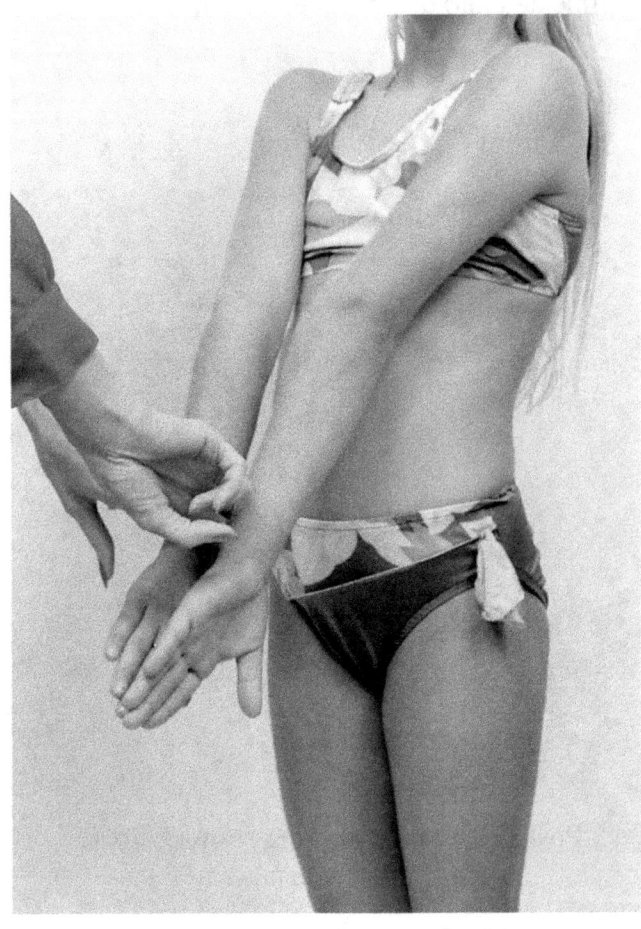

Posição final quando o teste tem uma resposta fraca ou "não" (braços separados).

NOTA: Ao testar crianças pequenas, muitas vezes é útil dizer a eles para "empurrar os pulsos juntos", pois geralmente são mais capazes de entender isso do que o comando "resistir" ou "manter os braços juntos".

TESTE 5: Testagem com movimentação do corpo

Quando fizer esta testagem pela primeira vez, é melhor que alguém esteja presente para segurar você, pois seu corpo pode ter movimentos consideráveis. Algumas pessoas acham este teste bom para se autoexaminarem, enquanto outras precisam de alguém presente para auxiliar.

1. Tire seus sapatos, especialmente se estiver usando saltos altos. Fique de pé com os seus pés retos no chão e relaxe, permitindo que seu corpo se movimente.

Posição neutra ou inicial

2. Tenha alguém em pé por perto, pronto para segurar você, com as mãos em ambos os lados de seu corpo.

3. Feche os olhos e relaxe seu corpo. Diga "sim" deliberadamente três vezes e permita que seu corpo se mexa. Faça a pessoa ao seu lado observar a direção na qual você se moveu e segurar você, se necessário.

4. Feche os olhos e relaxe seu corpo. Diga "não" deliberadamente três vezes e permita que seu corpo se mexa. Faça a pessoa ao seu lado observar a direção na qual você se moveu e segurar você, se necessário.

5. Determine a direção na qual seu corpo se mexeu para o "sim" e o "não". Algumas pessoas se movem para frente com o "sim" e para trás com o "não"; para outras, é o contrário. Algumas giram o corpo em sentido horário ou anti-horário, enquanto outras mostram pouco ou nenhum movimento. Se o seu corpo se mover numa direção definida, este é um teste simples e preciso que você pode usar.

TESTE 6: Autoexame

Nestes dois **métodos simples para testar a si mesmo**, você estará se opondo aos seus próprios músculos, em vez de aos de outra pessoa. Manter-se objetivo, e assim conseguir resultados precisos, é mais difícil nestes métodos e eles provavelmente só deverão ser usados quando você tiver mais experiência com testagem muscular.

Estes testes permitem vários graus de fraqueza, assim como os testes que usam músculos maiores. Embora eu tenha especificado o uso das mãos esquerda e direita nestas direções, também se pode inverter as mãos.

Autoexame: método do anel em "O"

1. Junte as pontas dos dedos polegar e indicador da mão esquerda para formar uma abertura circular (anel em "O").

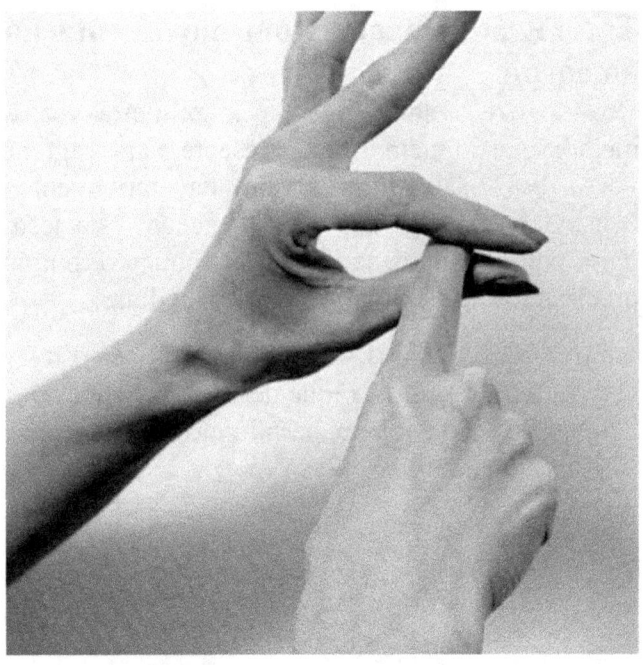

Movendo o indicador contra a barreira

Comece este movimento o mais longe possível no círculo para ganhar um "impulso de vantagem" na barreira.

4. Se você não romper a barreira, a testagem muscular é forte. Rompê-la indica uma resposta muscular fraca. Os resultados do teste aqui serão um "sim" (forte) ou "não (fraco) definitivos.

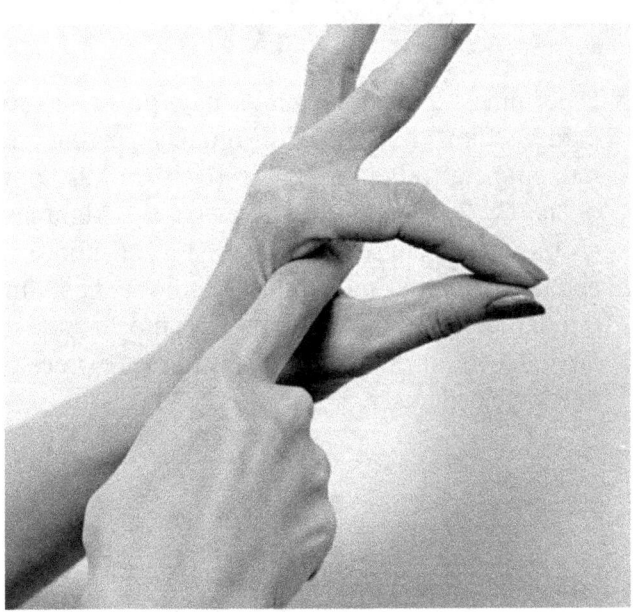

Anel "O" com dedo inserido

2. Insira o dedo indicador da sua mão direita na abertura, de forma que ele se apoie na sua palma esquerda.

3. Enquanto continua a segurar o polegar e o indicador juntos, mova seu indicador direito rapidamente, forçando-o através das pontas dos dedos polegar e indicador esquerdos, tentando romper a barreira formada por esses dois dedos.

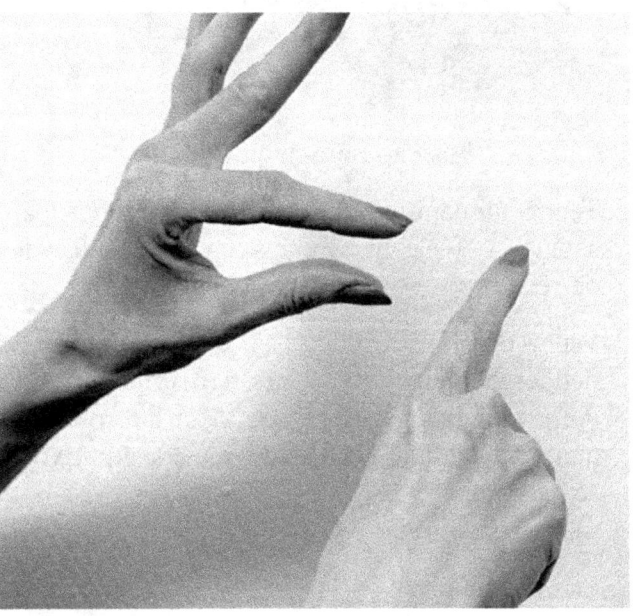

Dedo rompendo a barreira: Resposta "não".

Autoexame: método da resistência muscular

1. Junte os dedos polegar e mínimo da sua mão esquerda.

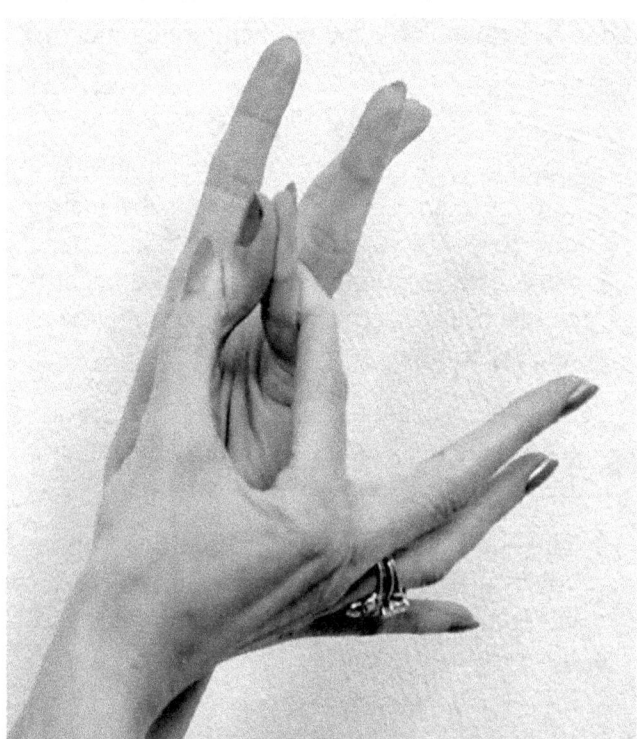

Resposta forte ou "sim", sem separação

2. Agarre-os com os dedos polegar e indicador da sua mão direita, aplicando pressão e segurando juntos seus dedos polegar e mínimo da mão esquerda.

3. Tente separar o polegar e o dedo mínimo da sua mão esquerda, exercendo pressão contra os dedos da sua mão direita. A incapacidade de separar os dedos indica uma resposta forte. Uma separação intermitente (separação alternada com não separação) é uma resposta moderada. A separação completa é uma resposta fraca.

Este método permite que você obtenha também uma resposta "moderada", além de um "sim" ou "não" definitivos.

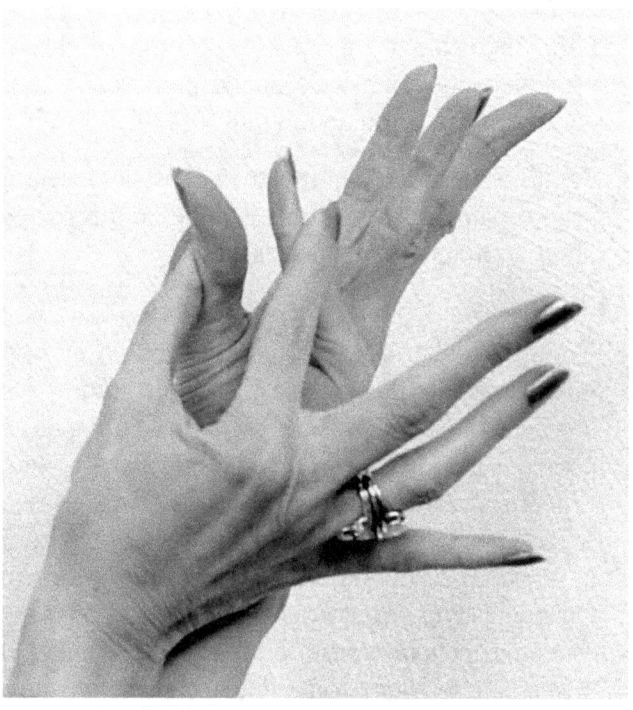

Resposta fraca ou "não", com separação

IMPLEMENTANDO A TESTAGEM MUSCULAR

Depois que você tiver determinado a testagem muscular que deseja usar, teste o músculo em si. Isto é conhecido como "testagem em aberto" e pode ser feito pelas seguintes razões:

- Para ter certeza de que você tem um músculo forte.

- Para testar a força relativa daquele músculo, para determinar quanta pressão deve ser aplicada.

- Para acostumar a pessoa com o teste, estabelecendo uma base inicial para você saber como sentir a força de um músculo.

- Seguindo este procedimento, você agora estará pronto para analisar a necessidade de diferentes óleos avaliando as respostas a eles.

Método

1. **Coloque o óleo a ser testado dentro do campo bioenergético da pessoa sendo testada.** Os resultados mais precisos são obtidos quando a pessoa sendo testada consegue cheirar o óleo. Embora isso seja o ideal, não é obrigatório. A pessoa sendo testada pode segurar o frasco de óleo com uma mão livre ou simplesmente tocá-lo no corpo. Quando estiver se autoexaminando e as duas mãos estiverem ocupadas, use seu braço para segurar o óleo contra seu flanco ou peito, ou coloque-o dentro de seu cinto, contra seu abdômen.

2. **Realize o teste e compare os resultados de força muscular com os do teste de base inicial.** Uma resposta forte indica um "sim" definitivo; uma resposta esponjosa significa que a substância é útil, mas não é a melhor escolha ou a mais apropriada, e uma resposta fraca significa "não, definitivamente não agora".

3. **Uma vez que o óleo ou óleos apropriados tenham sido encontrados, determine onde eles precisam ser aplicados.** Isto pode ser feito tocando o frasco no ponto de alarme correspondente, nos pés ou em qualquer dos pontos gerais do nariz, se for necessário cheirá-lo.

Quanto mais próxima a substância em si estiver do ponto (sem aplicá-la de fato, pensando em uma possível resposta negativa), mais preciso será o resultado do teste. Tocar o ponto ou visualizá-lo e dizer verbalmente o local também pode funcionar.

DICAS ÚTEIS

1. Quando você começar a testagem muscular, teste primeiro os alimentos e substâncias que você sabe serem "bons" ou "maus" para você. Isto lhe dará a experiência de sentir as respostas e permitirá que você entenda o que esperar.

2. Se os resultados do teste forem inconsistentes, você pode estar desidratado. Beba água e depois teste novamente.

3. Tire suas joias, relógio e qualquer outra coisa que possa interferir com o fluxo energético. Isso ajudará a garantir a precisão dos resultados do teste.

Precisão

O propósito da testagem muscular é obter respostas precisas. A chave para a precisão na testagem muscular é manter-se objetivo. Isso costuma ser mais fácil quando você é testado por outra pessoa, mas com a prática você se tornará apto a continuar objetivo enquanto testa a si mesmo. Verifique a sua precisão ao testar alimentos ou substâncias que você sabe que produzirão uma clara resposta "sim" ou "não".

Como acontece com qualquer outra coisa, dominar a testagem muscular requer prática. Depois que você desenvolver suas habilidades, será mais fácil determinar quais óleos são necessários, quando e onde aplicá-los e por quanto tempo. Chegará um momento em que você se verá desenvolvendo uma consciência intuitiva sobre o que seu corpo precisa. Então, você se testará apenas para confirmar o que já sabe.

BIBLIOGRAFIA

Essential Science Publishing, compilado por DR. *Peoples's Desk Reference for Essential Oils,* Salem, UT, Essential Science Publishing, (1999)

Farmer, Kathy, *Unlocking Emotions with Essential Oils*

Friedmann, Terry, M.D. *Freedom Through Health,* North Glenn, CO, Harvest Publishers (1998)

Herzog, Roberta, D.D. *The Akashic Reading Guidelines,* P.O. Box 448, Scotland Neck, NC, Roberta Herzog Publisher (1993) 252-826-0837 www.robertaherzog.com

Higley, Connie e Alan, *Reference Guide for Essential Oils,* Orem, UT, Abundant Health (1998)

Mein, Carolyn, D.C., *Different Bodies, Different Diets,* San Diego, CA, Vision Ware Press (1998)

Mein, Carolyn, D.C., *Different Bodies, Different Diets,* New York City, NY, HarperCollins Publishers Inc. (2001)

Myss, Caroline, Ph.D., *Why People Don't Heal And How They Can,* New York City, NY, Harmony Books (1997)

Pearsall, Paul P., *The Heart Code,* New York City, NY, Broadway Books (1998)

Pert, Candace B., Ph.D., *Molecules of Emotion:Why You Feel the Way You Feel,* New York City, NY, Scribner (1997)

Page, Ken, *The Way It Works,* Bastrop, TX, Clearlight Arts (1997)

Truman, Carol, *Feelings Buried Alive Never Die,* St. George, UT, Olympus Distributing Corporation (1991) Ulfelder, Susan, N.D., Personal Communication, Bethesda, MD

Young, Gary, N.D., *Aromatherapy: The Essential Beginning,* Salt Lake City, UT, Essential Press Publishing (1996)

Óleos Essenciais

RECURSOS

Different Bodies, Different Diets
Este livro soluciona o mistério da "dieta que serve para todo mundo" dentro do sistema de 25 tipos de corpo. O sistema é baseado na premissa de que toda pessoa tem uma glândula, órgão ou sistema dominante que está presente ao nascer e continua dominante por toda a vida. Essa glândula dominante é o que determina certas características físicas, psicológicas e emocionais.

Fitness-Fun-Ball™
A maneira mais fácil de se exercitar é com a Fitness-Fun Ball™. Incorpore o exercício ao seu estilo de vida utilizando uma Fitness-Fun Ball™ como uma cadeira. O ponto mais fraco do corpo é a pelve, o que resulta em fraqueza nos músculos abdominais inferiores e em dores lombares. Sentar-se nessa bola força você a usar seus músculos pélvicos e abdominais inferiores. Isso melhora a postura, reduz problemas de pulso e estimula o movimento do líquido cefalorraquidiano, resultando em um aumento do nível de alerta e da clareza mental.

Core Fitness DVD
Este DVD concentra-se em fortalecer efetivamente os músculos abdominais com exercícios baseados em Pilates, usando a Fitness Ball.

Tara Diamond, MS, BMS, é uma curandeira e conselheira espiritual, analista de *design* humano, artista e professora. Seus 20 anos de experiência em cura transpessoal evoluíram para uma técnica de cura profundamente intuitiva. Ela foi pastora da igreja The Teaching of the Inner Christ e por 10 anos ensinou cura astral, terapia de oração e treinamentos de sensibilidade interna. Atualmente, trabalha com pessoas, libertando o campo energético de influências astrais que afetam o desenvolvimento psíquico-espiritual dessas pessoas.
Tara Diamond: +1 619 888 9237, www.taradiamond.com

Young Living Essential Oils™
Dedicada a restaurar uma mensagem de cura e conhecimento para as pessoas do mundo, a Young Living Essential Oils™ tem o compromisso de fornecer óleos essenciais da mais alta qualidade. Para garantir a pureza e a qualidade, a Young Living planta, colhe e destila muitos dos seus óleos essenciais. Fundada pelo Dr. Gary Young, N.D, os Young Living Essential Oils™ são distribuídos através de representantes ou podem ser pedidos diretamente ligando para +1 800 371 2928, ramal 10586.

Outra fonte de óleos essenciais de alta qualidade é *Original Swiss Aromatics,* P.O. Box 6842, San Rafael, CA 94903, EUA.

Informações adicionais:

- **Carolyn L. Mein, D.C. +1 858 756 3704**
- **Visite nosso *Web* site www.bodytype.com**
- *Contate* **seu distribuidor local de óleos essenciais**

APÊNDICE
Misturas de Óleos da Young Living Essential Oils™

ABUNDANCE™ : Orange, Frankincense, Patchouly, Clove, Ginger, Myrrh, Cinnamon Bark, Spruce

ACCEPTANCE™ : Rosewood, Geranium, Frankincense, Blue Tansy, Sandalwood, Neroli, em uma base de óleo de amêndoas

AROMA LIFE™ : Cypress, Marjoram, Helichrysum, Ylang Ylang, em uma base de óleo de gergelim

AROMA SIEZ™ : Basil, Marjoram, Lavender, Peppermint, Cypress

AUSTRALIAN BLUE™ : Blue Cypress, Ylang Ylang, Cedarwood, Blue Tansy, White Fir

AUSTRALIAN KURANYAT": Lemon Myrtle, Kunzea, Blue Cypress, Sacred Sandalwood, Fennel, Australian Ericifolia, Eucalyptus Radiata, Tea Tree

AWAKEN™ : **Mistura básica do Joy:** Bergamot, Ylang Ylang, Geranium, Rosewood, Lemon, Mandarin, Jasmine, Roman Chamomile, Palmarosa; **Mistura básica do Forgiveness:** Geranium, Rosewood, Melissa, Lemon, Frankincense, Jasmine, Roman Chamomile, Bergamot, Ylang Ylang, Palmarosa, Sandalwood, Angelica, Lavender, Helichrysum, Rose, em uma base de óleo de gergelim; **Mistura básica do Present Time:** Neroli, Spruce, Ylang Ylang, em uma base de óleo de amêndoas; **Mistura básica do Dream Catcher:** Sandalwood, Tangerine, Ylang Ylang, Black Pepper, Bergamot, Juniper, Anisum, Blue Tansy; **Mistura básica do Harmony:** Lavender, Sandalwood, Ylang Ylang, Frankincense, Orange, Angelica, Geranium, Spruce, Hyssop, Sage, Lavender, Rosewood, Jasmine, Roman Chamomile, Bergamot, Palmarosa, Rose, em uma base de óleo de amêndoas

BELIEVE™ : Idaho Balsam Fir, Rosewood, Frankincense

BRAIN POWER™ : Sandalwood, Cedarwood, Frankincense, Melissa, Blue Cypress, Lavender, Helichrysum

CELEBRATION™ : Lavender, Angelica, German Chamomile, Cardamom, Rosemary, Peppermint, Dill, Sacred Sandalwood™, Ylang Ylang, Frankincense, Orange, Geranium, Hyssop, Spanish Sage, Northern Lights Black Spruce, Coriander, Bergamot, Lemon, Jasmine, Roman Chamomile, Palmarosa e Rose

CHIVALRY™ : **Mistura básica do Valor:** Spruce, Rosewood, Blue Tansy, Frankincense, em uma base de óleo de amêndoas; **Mistura básica do Joy Essential Blend:** Bergamot, Ylang Ylang, Geranium, Rosewood, Lemon, Mandarin, Jasmine, Roman Chamomile, Palmarosa, Rose; **Mistura básica do Harmony:** Lavender, Sandalwood, Ylang Ylang, Frankincense, Orange, Angelica, Geranium, Spruce, Hyssop, Sage Lavender, Rosewood, Jasmine, Roman Chamomile, Bergamot, Palmarosa, Rose, em uma base de óleo de amêndoas; **Mistura básica do Gratitude:** Idaho Balsam Fir, Frankincense, Rosewood, Myrrh, Galbanum, Ylang Ylang

CITRUS FRESH™ : Orange, Grapefruit, Mandarin, Tangerine, Lemon, Spearmint

CLARITY™ : Basil, Cardamom, Rosemary, Peppermint, Rosewood, Geranium, Lemon, Jasmine, Roman Chamomile, Bergamot, Ylang Ylang, Palmarosa

COMMON SENSE™ : Frankincense (Boswellia Carteri), Ylang Ylang, Ocotea, Rue, Dorado Azul, Lime

Óleos Essenciais

DI-GIZE™: Tarragon, Ginger, Peppermint, Juniper, Fennel, Lemongrass, Anise, Patchouli DRAGON TIME™: Fennel, Clary Sage, Marjoram, Lavender, Blue Yarrow, Jasmine

DREAM CATCHER™: Sandalwood, Tangerine, Ylang Ylang, Black Pepper, Bergamot, Juniper, Anise, Blue Tansy

EGYPTIAN GOLD™: Frankincense, Balsam Canada, Lavender, Myrrh, Hyssop, Northern Lights Black Spruce, Cedarwood, Vetiver, Rose, Cinnamon Bark

ENDO FLEX™: Spearmint, Sage, Geranium, Myrtle, German Chamomile, Nutmeg, em uma base de óleo de gergelim

EN-R-GEE™: Rosemary, Juniper, Lemongrass, Nutmeg, Idaho Balsam Fir, Clove, Black Pepper ENVISION™: Spruce, Geranium, Orange, Lavender, Sage, Rose

EXODUS H™: Cassia, Myrrh, Cinnamon Bark, Calamus, Galbanum, Hyssop, Spikenard, Frankincense, em uma base de azeite de oliva

FORGIVENESS™: Melissa, Geranium, Frankincense, Rosewood, Sandalwood, Angelica, Lavender Lemon, Jasmine, Roman Chamomile, Bergamot, Ylang Ylang, Palmarosa, Helichrysum, Rose, em uma base de óleo de gergelim

FULFILL YOUR DESTINY™: Tangerine, Frankincense, Nutmeg, Cassia, Cardamom, Clary Sage, Black Pepper, Idaho Blue Spruce, Neroli

GATHERING™: Lavender, Geranium, Galbanum, Frankincense, Sandalwood, Ylang Ylang, Spruce, Rose, Cinnamon Bark

GENEYUS™: Sacred Frankincense, Blue Cypress, Cedarwood, Idaho Blue Spruce, Palo Santo, Melissa, Northern Lights Black Spruce, Sweet Almond, Bergamot, Myrrh, Vetiver, Geranium, Royal Hawaiian Sandalwood™, Ylang Ylang, Hyssop, Coriander, Rose

GRATITUDE™: Idaho Balsam Fir, Frankincense, Rosewood, Myrrh, Galbanum, Ylang Ylang

GROUNDING™: White Fir, Spruce, Ylang Ylang, Pine, Cedarwood, Angelica, Juniper

HARMONY™: Lavender, Sandalwood, Ylang Ylang, Frankincense, Orange, Angelica, Geranium, Spruce, Hyssop, Sage, Lavender, Rosewood, Jasmine, Roman Chamomile, Bergamot, Palmarosa, Rose

HIGHER UNITY™: Sacred Sandalwood™, Sacred Frankincense™, Lime, Northern Lights Black Spruce, Spearmint, Lemon, Jasmine e Rose

HIGHEST POTENTIAL™: **Australian Blue:** Blue Cypress, Ylang Ylang, Cedarwood, Blue Tansy, White Fir; **Gathering:** Lavender, Geranium, Galbanum, Frankincense, Sandalwood, Ylang Ylang, Spruce, Rose, Cinnamon Bark, Jasmine

HOPE™: Melissa, Juniper, Myrrh, Spruce, em uma base de óleo de amêndoas

HUMILITY™: Rosewood, Ylang Ylang, Geranium, Melissa, Frankincense, Spikenard, Myrrh, Neroli, Rose, em uma base de óleo de gergelim

IMMUPOWER™: Hyssop, Mountain Savory, Cistus, Ravensara, Frankincense, Oregano, Clove, Cumin, Idaho Tansy

INNER CHILD™: Orange, Tangerine, Ylang Ylang, Jasmine, Sandalwood, Lemongrass, Spruce, Neroli

INSPIRATION™: Cedarwood, Spruce, Rosewood, Myrtle, Sandalwood, Frankincense, Mugwort

INTO THE FUTURE™: Clary Sage, Ylang Ylang, White Fir, Idaho Tansy, Frankincense, Jasmine, White Lotus, Juniper, Orange, Cedarwood, em uma base de óleo de amêndoas

JOURNEY ON™: Dream Catcher, Immupower, Motivation, Copaiba, Cinnamon Bark, Peppermint

JOY™: Bergamot, Ylang Ylang, Geranium, Rosewood, Lemon, Mandarin, Jasmine, Roman Chamomile, Palmarosa, Rose

JUVAFLEX™: Fennel, Geranium, Rosemary, Roman Chamomile, Blue Tansy, Helichrysum, em uma base de óleo de gergelim

LEGACY™: Angelica, Balsam Fir, Basil, Bay Laurel, Bergamot, Black Pepper, Blue Tansy, Cajeput, Canadian Fleabane, Canadian Red Cedar, Cardamom, Carrot Seed, Cedarwood, Cinnamon Bark, Cistus, Citronella, Clary Sage, Clove, Coriander, Cumin, Cypress, Dill, Douglas Fir, Elemi, Eucalyptus Citriodora, Eucalyptus Dives, Eucalyptus Globulus, Eucalyptus Polybractea, Eucalyptus Radiata, Fennel, Frankincense, Galbanum, Geranium, German Chamomile, Ginger, Goldenrod, Grapefruit, Helichrysum, Hemlock, Hyssop, Idaho Tansy, Jasmine, Juniper, Lavender, Ledum, Lemon, Lemongrass, Lime, Mandarin, Melaleuca Alternifolia, Melaleuca Ericifolia, Melissa, Mountain Savory, Myrrh, Myrtle, Neroli, Nutmeg, Orange, Oregano, Palmarosa, Patchouly, Peppermint, Petitgrain, Pine, Ravensara, Red Fir, Roman Chamomile, Rose, Rose Hip, Rosemary, Rosewood, Sage, Sandalwood, Spearmint, Spikenard, Spruce, Tangerine, Tarragon, Thyme, Valerian, Vetiver, White Fir, Wintergreen, Yarrow, Yellow Pine, Ylang Ylang

LIGHT THE FIRE™: Mastrante, Northern Lights Black Spruce, Nutmeg, Cassia, Ocotea, Canadian Fleabane, Lemon, Pepper e Hinoki

LIVE WITH PASSION™: Clary Sage, Ginger, Sandalwood, Jasmine, Angelica, Cedarwood, Melissa, Helichrysum, Patchouli, Neroli

LIVE YOUR PASSION™: Orange, Royal Hawaiian™, Sandalwood, Nutmeg, Lime, Idaho Blue Spruce, Northern Lights Black Spruce, Ylang Ylang, Frankincense, Peppermint

LONGEVITY™: Thyme, Orange, Clove, Frankincense

MAGNIFY YOUR PURPOSE™: Sandalwood, Rosewood, Sage, Nutmeg, Patchouli, Cinnamon Bark, Ginger

MELROSE™: Rosemary, Melaleuca Alternifolia, Clove, Melaleuca Quinquenervia

MOTIVATION™: Roman Chamomile, Ylang Ylang, Spruce, Lavender

PANAWAY™: Wintergreen, Helichrysum, Clove, Peppermint

PEACE & CALMING™: Tangerine, Orange, Ylang Ylang, Patchouli, Blue Tansy

PRESENT TIME™: Neroli, Spruce, Ylang Ylang, em uma base de óleo de amêndoas

PURIFICATION™: Citronella, Lemongrass, Rosemary, Melaleuca, Lavendin, Myrtle

R.C.™: Myrtle, Eucalyptus Globulus, Eucalyptus Australiana, Pine, Marjoram, Eucalyptus Citriodora, Lavender, Cypress, Spruce, Eucalyptus Radiata, Peppermint

Óleos Essenciais

RELEASE™: Ylang Ylang, Lavandin, Geranium, Sandalwood, Blue Tansy, em uma base de azeite de oliva

RELIEVE IT™: Spruce, Black Pepper, Hyssop, Peppermint

RUTAVALA™: Lavender, Valerian, Ruta Graveolens

SACRED MOUNTAIN™: Spruce, Ylang Ylang, Idaho Balsam Fir, Cedarwood

SARA™: Ylang Ylang, Geranium, Lavender, Orange, Blue Tansy, Cedarwood, Rose, White Lotus, em uma base de óleo de amêndoas

SENSATION™: Coriander, Ylang Ylang, FuranoCoumarin-free Bergamot, Jasmine, Geranium

SHUTRAN™: Idaho Blue Spruce, Ocotea, Ylang Ylang, Hinoki, Coriander, Davana, Lavender, Cedarwood, Lemon, Northern Lights Black Spruce

STRESS AWAY™: Lime, Vanilla Extract, Copaiba, Lavender, Cedarwood, Ocotea

SURRENDER™: Lavender, Lemon, Roman Chamomile, Spruce, Angelica, German Chamomile

THIEVES™: Clove, Lemon, Cinnamon Bark, Eucalyptus Radiata, Rosemary

3 WISE MEN™: Sandalwood, Juniper, Frankincense, Spruce, Myrrh, em uma base de óleo de amêndoas

TRANSFORMATION™: Lemon, Frankincense, Peppermint, Idaho Balsam Fir, Sandalwood, Rosemary, Clary Sage, Cardamom

TRAUMA LIFE™: Frankincense, Sandalwood, Valerian, Lavender, Davana, Spruce, Geranium, Helichrysum, Citrus Hystrix, Rose

VALOR™: Spruce, Rosewood, Blue Tansy, Frankincense, em uma base de óleo de amêndoas

WHITE ANGELICA™: Bergamot, Geranium, Myrrh, Sandalwood, Rosewood, Ylang Ylang, Spruce, Hyssop, Melissa, Rose, em uma base de óleo de amêndoas

Carolyn L. Mein, D.C.

Alcance o máximo do seu potencial sabendo o seu tipo de corpo

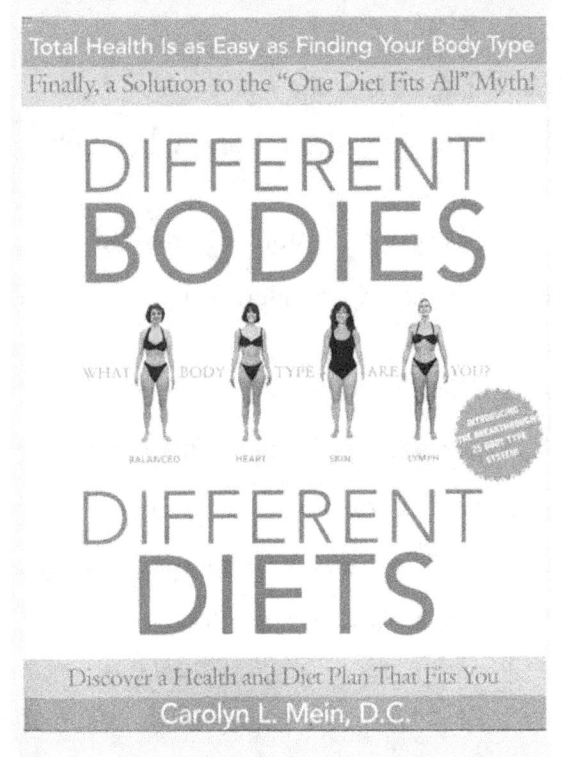

Inclui imagens e descrições de cada tipo para homens e mulheres
Capa dura US$ 27,95

Os perfis de cada tipo de corpo. Inclui 20-50 sugestões de cardápios para cada tipo, mais uma amostra de cardápio para 1 semana US$ 14,95

- **Nem todos pensamos da mesma forma**
- **Temos pontos fortes diferentes**
- **Não somos motivados pelas mesmas coisas**

Como seria sua vida se você conhecesse seus pontos fortes específicos, tivesse uma visão realista do seu potencial, no que você é bom, o que motiva você e aqueles ao seu redor?

Raramente os membros de uma família têm o mesmo tipo de corpo. Existem 25 tipos de corpo diferentes, cada um com suas próprias características de personalidade e necessidades dietéticas. Características de personalidade podem ser expressas "na pior" e "na melhor das hipóteses."
O conhecimento melhora os relacionamentos

Para saber mais sobre *The 25 Body Type System*™ acesse:

www.bodytype.com

Determine seu tipo físico online escolhendo "Women's Test" ou "Men's Test"

Óleos Essenciais

Dê aos seus sentidos a alegria da nutrição espiritual com Chakra Harmony

Combine técnicas de tonalização visuais e acústicas para harmonizar seu corpo, mente e espírito

- Fortaleça seu campo energético
- Equilibre suas emoções
- Alivie o estresse
- Fique centrado
- Sinta-se mais positivo
- Limpe sua aura
- Transforme sofrimento em alegria

Este DVD fácil de acompanhar mostra como equilibrar suas energias vitais e aliviar o estresse. Pode ser usado ativamente ou como um plano de fundo relaxante.

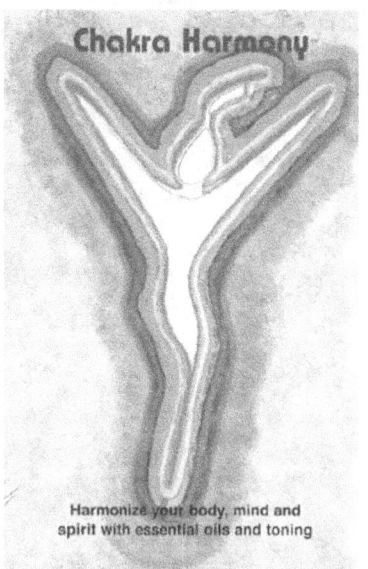

Kit de viagem em tecido com cinco frascos de 2,3 mL, contendo oito óleos essenciais para chacras:

Joy	Ylang Ylang
SARA	Cedarwood
Sacred Mountain	Release
White Angelica	Idaho Balsam Fir

Kit de viagem com quatro óleos adicionais:
Frankincense	Peppermint
Peace & Calming	Purification

DVD Chakra Harmony:	**US$ 24,95**
Kit de óleos essenciais para chacras (8 óleos):	**US$ 119,95**
com o DVD Chakra Harmony:	**US$ 139,95**
Kit de óleos essenciais para chacras (12 óleos):	**US$ 159,95**
com o DVD Chakra Harmony:	**US$ 179,95**

Mais frete.
Os itens acima incluem um cartão de referência rápida

Também disponível
PACOTE DE VIAGEM PEACEFUL WARRIOR
US$ 149,95
GUIA PARA A RESOLUÇÃO PACÍFICA DE CONFLITOS
O pacote de viagem Peaceful Warrior contém 12 óleos essenciais:

Peace & Calming	Purification	Peppermint	Frankincense
Valor	Lavender	Lemon	Harmony
Common Sense	Clarity	JuvaFlex	Highest Potential

Carolyn L. Mein, D.C. — P.O. Box 8112, Rancho Santa Fe, CA 92067, EUA
Telefone: +1 858 756 3704 Fax: +1 858 756 6933
Visite *www.bodytype.com* para DVDs e recursos adicionais

www.ingramcontent.com/pod-product-compliance
Lightning Source LLC
LaVergne TN
LVHW061936070526
838199LV00060B/3841